PERGAMON INTERNATIONAL LIBRARY
of Science, Technology, Engineering and Social Studies

*The 1000-volume original paperback library in aid of education,
industrial training and the enjoyment of leisure*

Publisher: Robert Maxwell, M.C.

Lauro Olmo: LA CAMISA

GW00496942

_____ **Publisher's Notice to Educators** _____

THE PERGAMON TEXTBOOK
INSPECTION COPY SERVICE

An inspection copy of any book published in the Pergamon International Library
will gladly be sent without obligation for consideration for course adoption or
recommendation. Copies may be retained for a period of 60 days from receipt and
returned if not suitable. When a particular title is adopted or recommended for
adoption for class use and the recommendation results in a sale of 12 or more copies,
the inspection copy may be retained with our compliments. If after examination
the lecturer decides that the book is not suitable for adoption but would like to
retain it for his personal library, then our Educators' Discount of 10% is allowed on
the invoiced price. The Publishers will be pleased to receive suggestions for revised
editions and new titles to be published in this important International Library.

PERGAMON OXFORD SPANISH SERIES

EDITORS: R. B. TATE AND G. W. RIBBANS

Other titles in the series

The terms of our insection copy service apply to all the above books, full details of all books listed and specimen copies of journals listed will gladly be sent upon request.

[*Foto "Cuadros"*

Lauro Olmo

Lauro Olmo: LA CAMISA

DRAMA POPULAR EN TRES ACTOS (PREMIO
NACIONAL DE TEATRO, 1962)

Edited with an Introduction, Notes and Vocabulary by
A. K. ARIZA, M.A. (OXON)
Spanish Mistress, Nonsuch High School for Girls, Cheam

and

I. F. ARIZA
Licenciado en Filosofía y Letras
Lecturer in Spanish, Ealing Technical College, London

PERGAMON PRESS
Oxford · New York · Toronto
Sydney · Paris · Braunschweig

U.K.	Pergamon Press Ltd., Headington Hill Hall, Oxford OX3 0BW, England
U.S.A.	Pergamon Press Inc., Maxwell House, Fairview Park, Elmsford, New York 10523, U.S.A.
CANADA	Pergamon of Canada Ltd., 207 Queen's Quay West, Toronto 1, Canada
AUSTRALIA	Pergamon Press (Aust.) Pty. Ltd., 19a Boundary Street, ushcutters Bay, N.S.W. 2011, Australia
FRANCE	Pergamon Press SARL, 24 rue des Ecoles, 75240 Paris, Cedex 05, France
WEST GERMANY	Pergamon Press GmbH, D-3300 Braunschweig, Postfach 2923 Burgplatz 1, West Germany

First edition 1968; Second edition 1976

Library of Congress Catalog Card No. 67-28657

Printed in Great Britain by A. Wheaton & Co., Exeter.

ISBN 0 08 012615 4

CONTENTS

INTRODUCTION

1. THE AUTHOR AND HIS BACKGROUND

It is usual to begin an introduction by giving readers an account of *la vida y milagros* of the author of the book, particularly when he is as little known outside Spain as Lauro Olmo. However, nothing can convey more sharply the difficulties encountered by young Spaniards, or give a more veracious picture of the reality of the Spanish scene, than the brief words of the man himself:

> Nací en Barco de Valdeorras (Orense), el 9 de noviembre de 1922. A los siete años—a punto de cumplir ocho—llegué a Madrid, siendo desde entonces la capital mi lugar de residencia. Mi vida no ha sido fácil. Sé muy bien lo que es eso de las apreturas económicas. He estado colocado en distintos sitios, sin parar mucho tiempo en ninguno. He sido mecánico, dependiente, taquígrafo, y diversas chapuzas más. Puede decirse que trabajaba con una mano y leía con la otra. Soy, naturalmente, un autodidacta. Le debo mucho al Ateneo de Madrid: mi universidad.

Lauro Olmo has lived through the Civil War and, perhaps more important, the dreadful post-war period of famine and dire poverty when people died of hunger. He has seen Spain try to pick up the threads again, but from his unique vantage-point of one caught in the wrong section of society, he saw the lack of any real social purpose or desire to better the lot of the unfortunate. Life falls once again into the old pattern; the rich are born to be rich, the poor to be poor, and those lucky enough to scramble up into the middle class are chiefly concerned with themselves. Modern Spain as presented to the tourist is a delightful place, but who, after even the briefest of

1

visits to those small towns and villages not on the visitors' map, can doubt the harsh reality of the social background of *La camisa*?

The author's own struggle can be seen in his lack of help or training as he strove to write at the same time as having to earn his daily bread in any way he could, living from hand to mouth. Some of his works have still not been published, and those that have are mostly prior to *La camisa*. His first book appeared in 1954—*Cuno, narración breve*—followed later in the same year by *Del aire*, a collection of poems. Then in 1956 he won the Leopoldo Alas prize with *12 cuentos y uno más*. After a collection of short stories, *La peseta del hermano mayor* (published in 1958), came the novel *Ayer, 27 de octubre*, which was runner-up for the Premio Nadal. His next work was *La camisa*, which won the Premio Valle-Inclán, Premio Larra and eventually the Premio Nacional de Teatro. His most recent work is another play, *La pechuga de la sardina*.

Ayer, 27 de octubre is faintly reminiscent of Cela's *La colmena*, as it covers one day in the lives of a collection of people, in this case the tenants of a block of flats in one of Madrid's seedier districts. The presentation of the characters is brief but telling; only the rather grotesque figures of the family of clowns and the three silent gentlemen perturb by their unreal quality. The writer always seems more sure of himself with characters whose counterpart can be found anywhere in Spain and, one often thinks, in the pages of Galdós.

2. GENERAL LITERARY BACKGROUND

It is a feature of Spanish literature that writers have found so much inspiration in life around them, particularly that of the poor and unfortunate. And the characters never fail to give the impression of being real living people. From the *Lazarillo*, through the picaresque novel, the pages of Cervantes and, after a gap which gave the Romantic movement time to blossom, in the novels of Galdós, the people of Spain are seen milling about, poor but usually cheerful. The distortion of Quevedo strikes a different note but one that appeals to Spaniards with their attraction for *humor negro*. Only Larra, with his intellectual approach, found the contemplation of society too much for him.

Criticism of it can always be seen: veiled in the *Lazarillo*, stronger in the picaresque novel, too obvious in Larra and then, in Galdós, once again in what seems to be the most effective Spanish form. All direct attacks seem to fail. How many people remember the fury of many of the plays produced before the Civil War, extreme developments of the play *Juan José* that, in the late nineteenth century, brought social criticism into the theatre? Galdós in his novels seems to represent the Spanish genius in this respect: no overwhelming condemnation or emphasis on any particular feature (he learned his lesson from *Doña Perfecta*), but a gradually developing action built up of all the minutiae of life, showing faults and good qualities alike and how both can work to a person's undoing given the social structure in which he has been born and lives.

The Quevedo branch of the same tree is also a permanent feature, like *el humor negro*. Relatives of *El buscón* are not lacking in Spanish literature and are very much in evidence nowadays in novels like those of Juan Goytisolo. In the immediate post-war period, however, until Antonio Buero Vallejo turned his attention to the darker side of human existence in *Historia de una escalera*, the drama and the novel in popular circulation was primarily escapist.

La camisa, however, avoids the distortion of extremes. Its situation is firmly based on day-to-day existence. Its criticism is still veiled, or seems so to those more used to outright condemnation. There is no criticism of a particular régime or a definite group of people—just discontent over the generally unsatisfactory nature of the whole set-up. There are only two solutions to discontent—a clean break, or determination to stick it out and try to win one's rights. The struggle between these two attitudes provides the dramatic tension of this play.

3. SOCIAL CRITICISM IN THE THEATRE

(a) Before the Civil War

It was not until 1895, with the appearance of Dicenta's epoch-making *Juan José*, that Spain saw the beginnings of social criticism in the theatre. The lower classes had always played their part, from Lope to the *zarzuela* and the *género chico*, either in dramatic situations involving the concept of peasant honour, or merely as a decorative backcloth. In many plays certain virtues were conceded to the populace, even *también la gente del pueblo tiene su corazoncito* (a now famous remark from *La verbena de la paloma*, 1894), but no playwright had taken an interest in social justice. Not that the poorer classes were themselves inactive. Although many workers were attached to the old way of life, many younger ones were being driven to more militant action. But they were considered the dregs of society, so much so that two famous actors refused to take part in *Juan José* when it first appeared.

The main theme of *Juan José* is an old one: the jealous man kills his girl and her lover—a common plot through all drama. But Juan José and Rosa are only working people who live together without being married—she was once a prostitute. Juan José speaks in moving terms of how she is the first person in his life to show him any affection and consideration. However, after warning his employer to take his eyes off Rosa, he finds himself without a job and they are soon penniless. The only solution (a new one on the Spanish stage) is to steal, and Juan José ends up in prison. Rosa is obliged by circumstances to go and live with his former employer, Señor Paco, and Juan José, when he finds out, escapes from prison and kills them both. He realizes that he has killed what he most loves, while the audience is led to see that society itself has brought him to this point.

This is the new element that other writers immediately seized on, the new vein that was to be so fertile. There followed a whole crop of plays in which poverty and social injustice drive reasonable, honest people to unprecedented lengths, even to committing dreadful crimes. A revolutionary spirit appeared, showing exaggerated versions of the working man fighting the vested interests of the rich, who feel no sympathy for his plight. Quite often a peace-loving man is led to rebel because the local *señorito* has seduced his daughter, taking advantage of their poverty.

In the political plays written in the years before the Civil War two attitudes emerge. One continues to emphasize that the rich employer only understands force and working men must fight him in militant political groups. The ideology was sometimes Marxist, sometimes Anarchist, and sometimes simply reformist with no political affiliation. Conservative authors, alarmed by mounting anti-clericalism, wrote plays to refute the revolutionaries, deriding them for their propensities towards free love and accusing them of gaining personally from inciting ignorant workmen to sacrifice themselves in a fruitless struggle against the rich. Their argument might be summed up as "God made us all different, rich and poor. Happiness comes through acceptance of this fact."

(b) *After the War*

When the theatre came to life again after the war the old conflicts faded from literature. A conservative, anti-revolutionary morality had won the day and there could be no possibility of the theme of social reform. The public was no longer interested in struggle—the post-war situation was too harrowing. Benavente and his followers enjoyed renewed popularity, together with José María Pemán and Luca de Tena.

Yet the earlier works of social criticism, brash and mass-produced as many of them were, had sown seeds that gradually began to ripen. The idea was slowly growing that there *were* things wrong with society and that they made excellent theatre but, above all, there was no clear-cut issue, the good versus the bad. Both rich and poor, clericals and anti-clericals, had their good and bad side and this is what made their lives what they were. The most interesting play in this respect is *La muralla* by Joaquín Calvo Sotelo. No dramatist could be more orthodox, and he presents the head of a highly respected Catholic family trying to follow the demands of the Church and so salve his conscience by making amends for a past crime. But his own family turn against him, as they cannot contemplate any financial sacrifice. Granted, a work which in England might be put on in the church hall. But in Spain it represented a breakthrough. Once again we see in the theatre a condemnation of people who refuse to right social injustice.

The intervening years had brought about maturity. Antonio Buero Vallejo and the rising generation of playwrights would scorn to use the glaring contrasts and facile, incendiary plots so common before 1936. There is all the difference between the adult, capable of seeing many sides to the same problem, and the child who sees everything in black and white.

Lauro Olmo in *La camisa* gives us as heart-rending a picture of the results of poverty as Dicenta, but without social conflict or direct accusation, and with a far greater sense of reality. His people are real, the work is a mature reflection and we are impressed by the effectiveness of his dramatic skill. No issue is clear-cut, no solution given. The audience is left to draw its own conclusions, based on compassion and sympathy rather than looking for the solution in a show of force.

4. THEME OF LA CAMISA

This play can almost be called a new departure in the
theatre. Its problems are not new ones but the protagonists
are. For the first time in Spanish drama we are faced with a
play concerned with the lives of the poorest of the poor. In
earlier post-war plays the Spanish public saw life in over-
crowded tenements in the poorer districts of a large town, but
this is the first time we see life so much in the raw. Juan and
Lola live in a single-roomed hovel in the shanty town on the
outskirts of Madrid, a district with no mod. cons. of any kind.
Sanitation consists of a chamber pot emptied each morning on
a convenient patch of waste ground. Privacy does not exist and
if human dignity survives it is a miracle. The people there
make homes from anything they can lay their hands on, even
old petrol drums. Life is a grim struggle for an extra sardine or
potato. The only shopping spree possible is an hour raking
through the junk in the *Rastro*, the final home of cast-off
clothing and old furniture. The men here have found it almost
impossible to get work and spend their time scavenging or
doing odd jobs (*chapuzas*).

The particular problem in *La camisa*, that gives it unity and
dramatic tension, is Juan's need to find work. He has so far
been unsuccessful but his family convince him that by present-
ing himself in a neat white shirt he will have a greater chance
of getting a job. His last hope is pinned to this tattered garment,
and for a while we hope with him. Then we hear suggestions
that it is pointless waiting to find work at home—one must go
abroad. Lola, his wife, is convinced, but we know that Juan
will never consent to leaving Spain. She will have to go herself
and this will mean the break-up of family life. The issue
of the shirt becomes a vital one, but, as Juan foretold, it is
useless. Lola sees herself committed to leaving for Germany
in the face of Juan's opposition. This struggle provides tension right up to the end of the play, as we wonder whether

Juan will accept the facts and give Lola an affectionate farewell.

All this takes place against a general background of the struggle for survival. All the other men except señor Paco are wearing themselves out in their efforts to provide for their dependants. But the theme is a dual one. Side by side with the struggle to keep the body going is the need to provide food for the soul as well. Man cannot live without *ilusión*[1] and this is of supreme importance. Throughout the play we have constant references to *la ilusión*, to some form of hope for the future, and one character, Tío Maravillas, is concerned exclusively with this. It is true that his wife was an invalid but, as Balbina points out to the grandmother, *eso tira lo suyo*. When Julia dies her husband can no longer face life and, although his corporeal existence continues, his soul is dead.

In a way this work is all about *la ilusión*. The most obvious examples are the shirt itself and Tío Maravillas' balloons. But the grandmother feels sentimental about her dead husband's *cuello duro* and Balbina is still moved by her wedding sheets. As far as hopes for the future are concerned, Lola and Juan want better things for their children and Juan supports himself with the deep conviction of his right to work; some of the neighbours can only cheer themselves up with the aid of señor Paco's cheap wine. When real aims fail, there is always the false hope of winning the football pools.

Most of the characters in *La camisa* have reached a desperate situation which has three solutions, all of which we can see. Lolo's is the happiest—he wins the pools. But we feel that this is as unreal as the rockets whizzing round the earth. There is the tragic one—Tío Maravillas loses his reason and Ricardo, in a vain effort to hide from María his failure to find work, takes refuge in perpetual drunkenness. Lola tries to see things in a practical light and, though well aware that Germany is

[1] In the positive sense of a feeling compounded of present satisfaction and hope for the future.

not Eldorado, she decides to trust her luck and set off. All these seem extreme solutions, when all that is needed to save the situation is a job but, as the grandmother says, *¡Es mala compañera el hambre!* Economic security and love together cement *la ilusión* and if one fails *la ilusión* usually fades away.

Social criticism is much more direct in *La camisa* than in plays such as Buero Vallejo's *Historia de una escalera* and *Hoy es fiesta*. The tragedy in Lauro Olmo's play does not arise from the characters' own inadequacies, but from the consequences of seasonal or irregular employment, endemic in parts of Spain. This play proclaims a man's right to work and support his family in his native land. Tío Maravillas, and Juan, may cry patriotically *¡Viva España!*, but what use is it to him? His conviction that *el más allá es nuestro* rings ironically in the audience's ears—somehow *el más acá* has always eluded the working classes.

Lauro Olmo is not trying to offer a solution. This, one assumes, is life as he finds it among the poor. He gently derides unrealistic hopes and drastic measures. But although there is no explicit mention of revolutionary action, the implicit thought is always there, latent in the characters' words and reactions. At the end of the play María is almost mad with desperation and Juan finds his hopelessness and tension almost unbearable. There is no certainty that one can escape this situation in another country, as many workers had tried to do. The human reactions illustrated by this play are not trimmed to any single persuasion. In fact, there is an inextricable mixture of comedy and tragedy as in the picaresque romances or Galdós's novels. In *La camisa* love, a sense of duty, liveliness and high hopes are all threatened by the bleak economic prospect. Yet the humour in the work is unmistakeable. Agustinillo cracks jokes about getting tired of chicken, Balbina enthuses over a lovely autumn day, and people make the most of any possible pun on remarks made, e.g.

JUAN.—*No estás aclarao, Sebas. Tu frente es de vía estrecha.*

SEBAS.—*Sí, pero con vagonetas circulando.*
JUAN.—*Y tú, ni enterarte.*

Above all, the young people feel sure their future is bright. Somehow they are able to ignore the misery around them and look forward optimistically to what life holds in store. But is there a note of warning that no measure of improvement can be achieved by abandoning one's country for another in search of work?

5. THE CHARACTERS

(a) Juan

Juan is a poor working-class Spaniard, patriotic in that he feels rooted in his native soil and proud in that he feels it his responsibility to provide for his family. To the very last he is opposed to the idea of Lola's going away to earn money abroad. We fear for his sanity when he realizes that all his good intentions and desire to work are useless—there is nothing he can do for those he loves except let his wife go. He longs passionately to assert his rights, convinced that he must stay and stick things out and that it would be cowardly for him to emigrate. He tries to express some of this to Lola: "(*Nuestros hijos*) *Han nacío aquí, Lola. Su hambre es de aquí. Y es aquí donde tienen que luchar pa saciarla. No debemos permitir que su hambre, que nuestra hambre, se convierta en un trasto inútil.*"

These words may seem strange coming from an uneducated bricklayer, but they reveal a deep-felt attitude in Spain, shared by workers and intellectuals alike. The former have little opportunity to express their demands, but every now and again one hears of quickly-suppressed protests and *dificultades laborales.* Juan is not politically active or revolutionary in intent, but the seeds and possibilities of revolution are present in him and in the play. If his despair increases beyond a certain point, he can become ideal material for a revolutionary. When Lola hears the bangers the boys have let off she immediately thinks someone has started throwing bombs again: *¿Tú crees que vuelve a haber . . .? ¡Ha sonao a bombas!* María says *¿Otra vez?* and Luis alludes obliquely to his own past when he says *Lo que es yo, no me dejo liar otra vez.* There are other references to such acts of violence, but Juan shows that he is still in principle against them. His honesty and integrity shine out in the same episode, when Luis instinctively reaches for his belt to deal out corporal punishment: *¿No te parece que esto ya se ha utilizao bastante?* Perhaps because of the violence he saw in the Civil War, Juan sees himself committed to a peaceful course.

He becomes obsessed with the idea of his right to be able to work, though he is filled with deep pessimism as to his chances. He submits to the "fancy dress" of the white shirt without ever being really convinced of its usefulness, or rather, he is deeply disgusted and offended that a straightforward hard-working man like himself should be forced into the subterfuge of dressing like an office clerk. To his dignity as a man and a worker this charade is humiliating.

(b) Lola

Lola is far less interested in principles, partly because of expediency and partly because her first concern is to feed and clothe her children. This is the explanation of the apparent reversal in the normal male–female role that critics have commented on. Juan is the one who holds firmly to his principles and ideals concerning life and its arrangements. He answers the grandmother's comment *La paz puede estar en tos los laos* with *Sí. Pero, pa nosotros, primero debe estar aquí.* He is thwarted by circumstances and is forced into inactivity. Lola is similarly driven by circumstances. Life in an unknown land is not what she would ever have chosen for herself, but she sees it as the only solution to the immediate problem of filling her family's stomachs. One sees it as a provisional thing, just to tide them over a difficult patch.

She and Juan still love each other and they both remember their early *ilusión*. The strength of this and their own fortitude have enabled them to make more of their marriage than the unfortunate María and Ricardo. Even so, many years of living in a temporary shack have brought their meaningless and frustrated lives to the point of decision. Lola understands Juan's views but points out the necessity of having enough to eat. She is not idealistic but is resigned to what must be done. She does her best to help Juan find work, and by her treatment of him tries to make his lot easier to bear. But, although she can with an effort sympathize with her daughter's youthful enthusiasm for her boy friend, she too is becoming embittered. Her fine qualities of being a loving, dedicated, hard-working wife and mother are being dissipated. The unhelpfulness of society condemns her and her children and those María and Ricardo will have.

But in spite of all these sufferings Lola is able to hold her own, which she achieves by insisting on doing all she is capable of for her family and looking to their future. Juan's sufferings and inactivity threaten to make him lose his sanity. His morose silence is an indication of his emotional unbalance. Lola manages to have patience with him, maintains a good relationship with her mother, whose efforts on her behalf she appreciates, and is firm yet understanding with her children. And, in spite of everything, she does not lose a tenderness that illustrates the depth of her humanity. On leaving her shack for the last time she is moved to caress and kiss the table, the centre of family life, saying with tears in her eyes *De todos modos, ¡gracias!* She feels no bitterness towards the forlorn shirt on which so many useless hopes were pinned, but touches it with a friendly hand. This is in stark contrast with the final scene—María screams out in despair, begging Lola, who can do nothing, to save her from an impossible situation.

(c) The Grandmother

The grandmother is a well-known character in Spain and the Spanish theatre. Although she suffers as much as anyone, and more perhaps because she is old and has no future but continuing poverty and death, she has achieved peace of soul. This is an enormous blessing, though it does not seem to have much connection with religion. It also seems to come only to the old and to those like Balbina who no longer have the responsibility of struggling to provide for others. Therefore one may suppose that this serene acceptance of life and calm resignation in the face of changing fortune can only be obtained by opting out of society. Those who are caught up in it, needing to find work and support others, find the cruelty of fate overwhelming. Age and the lack of *ilusión* enable the grandmother to see issues clearly and do her best for the family. Though quietly saving for her burial she gives the money to Lola when she sees it is needed. Her vision and self-sacrifice are possible because she too has suffered but, instead of becoming embittered, as we fear will happen with María, she is full of a calm but deep sympathy with human needs.

(d) The Children

The young people show us the other side of the coin. Do they represent a bright and hopeful future, or are they like Juan and Lola when they first met? This is what must torment the audience and what gives such impact to the social criticism in the play. Agustinillo is still carefree and irresponsible. Nacho is slightly more serious and thoughtful, but only because he is beginning to fall in love with Lolita. But neither he nor Agustinillo have any schooling or preparation for earning their living in society. Will marriage bring Nacho and Lolita the same problems as it did to the girl's parents? The grandmother in a moment of stress says that *¡Que yo no traía un hijo a* *este barrio!*, but Balbina immediately reminds her that she is old—if she were younger she would do what every other young couple does.

Lauro Olmo does not press the point, but for a moment we do see marriage in a new light. Lolita and Nacho are in love and this new feeling for each other brings a more mature sense of responsibility to their youthful optimism. They are upright and straightforward, witness the reaction of Lolita to señor Paco's offer of work. Love and family ties canalize the feelings and emotions away from irresponsible high spirits and revolutionary activity. But this can give a false sense of security as, without positive help on its part, Nacho will be driven in one of two directions—he will either live a life like Juan's, and perhaps be driven to greater extremes by the sight of his children's sufferings, or he may emigrate. The great failure of society is seen in the conviction of the young that Spain has in fact nothing to offer them. All they want is the opportunity to get away, not to places where the streets are paved with gold, but where they will be paid decently for an honest day's work.

(e) *Tío Maravillas*

It is important to realize that in Lola's family there is still a little *ilusión*—family solidarity holds them together. Tío Maravillas is the great exponent of *la ilusión*, the one who realizes its necessity and delights in his balloons because of the pleasure they give little children. He has struggled through the years with this to uphold him, but in the course of the play we see that the real roots of his being are in the affection of his wife. All we are told of her is that *llevaba años siendo un cadáver*, yet when she finally dies Tío Maravillas goes to pieces. He sees the end of hope. This shows us that all his pleasure in his balloons stemmed not from something material, but was the expression of a sense that life was worth living. With the loss of his wife nothing matters. Human affection, the real basis of *la ilusión*, is the most vital element in life—without it Tío Maravillas suffers a spiritual collapse, and because of it Juan may one day be driven to a desperate act.

While accepting the relevance of the part of the old man to the general theme, many critics have thought that as a character he fails to convince. His sudden change from exuberance to near madness strikes a tragicomic note. The remaining figures in the play provide variations to the main theme. María and Ricardo show how lost love and *ilusión* can turn people into something less than human. Other men like Luis and Lolo have the same difficulties as Juan and Ricardo, but their way of bearing their troubles is to take refuge— physically in señor Paco's den, and emotionally in the hope of winning the football pools or emigrating to Germany. But whatever happens, marriage, children, their prospects are so acutely limited that failure and despair are never absent.

(*f*) *Señor Paco*

Señor Paco is representative of the avarice that feeds on the defenceless poor. Outwardly sympathetic to the local inhabitants and their troubles, he nevertheless despises them for their weakness. He does not hesitate to adulterate his already poor wine with water, and uses Agustinillo and Nacho, and tries to use Lolita too, in order to satisfy his decadent sexuality. He fails to tempt the girl with his promise of luxury; Lolita and her family see through him and their scorn emphasizes the falsity of his scale of values. The only insult he can think of is *¡Si tu madre es una criá!* His shallowness of character is further illustrated by his sudden desire for friendship with Lolo when he wins the pools: *Háblame de tú.* Money is the basis of his life and produces in him utter selfishness. He has no children and pursues his own desires with no thought of his wife's feelings or those of anyone else.

(g) Balbina

Balbina is one of the most interesting characters in the play. She is not directly concerned with the main action of the plot but is of great importance for the light she throws on the theme of the play. In word and action she extends our knowledge of what the author (and most Spaniards) means by *la ilusión*. She has lost any personal *ilusión* because her husband is dead and as far as we know she has no family. But she accepts her situation and can see a relationship between herself and those around her because, like the grandmother, she is able to relate her own past problems to those of other people. Although financially she is more secure than her neighbours this does not make her criticize in a self-righteous way. She sympathizes with their troubles, appreciates all that is good in them and seems quite content in spite of living alone. Yet, although she achieves serenity through resignation, there is no lack of awareness of reality. She sees the harshness of life and recognizes that that was part of her happiness with her husband. She does not deceive herself or anyone else on this score. But she has no complaints. She has put her *ilusión* in the richness and worth-while nature of all human life. She may be rather a busybody, in the good old Spanish style, but she genuinely does her best to lighten the burdens of her friends and only wishes she had the money to do more. The nearest she ever comes to a complaint is when María brings her some salt—*Gracias, hija. No puedo ya con las escaleras.*

*   *   *

Perhaps a word of warning might not come amiss. It should not be forgotten that the characters are as much creations of the author as the plot and each must be understood in relation to the other. Although this section has attempted to look at each character as an individual, the overall meaning of the play comes from the sum of characters and plot.

6. THE LANGUAGE OF LA CAMISA

There has been universal praise for the language of *La camisa*. One reason for this is Lauro Olmo's great economy of words. Another reason, one which will require greater explanation, is the way he has managed to reproduce the language of the people. There are some swear words, of course (though some are not included in this text), but these alone are nothing. The great achievement is to phrase thoughts and provide the atmosphere of ordinary people talking among themselves. With the sole exception of some of the symbolic remarks of Tío Maravillas, Lauro Olmo has been faithful to an unprecedented degree to the colloquial language, *el lenguaje popular*.

What is this language? Is it a new one? In England teaching tends to be based very much on the grammar book, yet everyone knows that the pupil is not likely to hear very much of it when he goes to Spain. The spoken language is full of its own *giros* and sentences left in the air half finished.

The language of ordinary people has always fascinated Spanish writers, who have often thought it more authentic and valid than more artificial literary language. How are the two different? Of course, "popular" language is haphazard, suggestive and often less coherent than thoughts well expressed in a logical way. Observations made with careful accuracy lose spontaneity. Lauro Olmo's characters speak in a way that is disjointed, full of vulgarisms generally used in conversation by everybody, racy, witty and exaggerated.

It is often difficult to see the difference between colloquialisms, slang and vulgarisms. A work of this type, about working-class people, inevitably has some of each. The difference is not nearly as clear as in English, and the great majority of Spaniards use words which in England would be condemned as slang. Slang is often colourful, emotive and full of metaphor, and is an integral part of the language. English has an enormously rich vocabulary, but few people take advantage of it. The Spaniard, on the other hand, seeks to express himself by the words he uses. The earlier *con vagonetas circulando* is an example of the way language can be stretched, and so is Tío Maravillas' reply to *¿Cómo va el negocio?—De globo caído. Los papás han cerrado el calcetín y no hay tomate que me salve.*

It is important to stress that this is Spanish as it is spoken, and that the student who is still studying the language should realize its richness. By seeing the "correct" word beside the slang one he will find both easier to remember. We believe that language and literature go hand in hand and it is essential to study both. The dialogue in a play of this kind supplements the grammar book, and both are essential if a pupil is to attain a good grasp of the subject.

In the vocabulary we have tried to make some linguistic distinction. Words described as colloquial are those used by most Spaniards, including the more educated ones, while those called slang are more commonly used by the poorer classes (and sometimes in all-male conversation). We have preserved Lauro Olmo's original spelling, indicating as it does the pronunciation, i.e. *to* for *todo, pa* for *para, jorobás* for *jorobadas*, etc. This will interest the curious student and prepare him for the day when he will hear the words pronounced in this way. When educated people take over slang expressions they usually say them as the *pueblo* does. The letter most frequently omitted is intervocalic *d*, but of course the only case fully accepted in everyday speech (though not for public occasions) is *–ado* to *–ao*, in the past participle of the *–ar* verbs. A final *–d* is hardly ever pronounced—most people say *usté, verdá*, etc. It is interesting that much of this "slack" pronunciation, common in the Castilian lower classes, is normal speech for everyone in Andalusia. Most Andalusians find *para* and *lado* impossible to take seriously.

7. BRIEF GRAMMATICAL SURVEY

(including features often not dealt with in advanced
grammar books)

Traer and llevar

Traer and *llevar* frequently replace *tener*:

Al Anselmo siempre lo llevaba yo hecho un señor (p. 33)
Juan, que trae las manos en los bolsillos (p. 94).

Andar, venir, quedar, ir

Other verbs are often used as auxiliaries to replace *estar*:

¿Es que no sabes que tu padre anda sin camisa? (p. 29)
¡Que vienen mediás (=mediadas)! (p. 77)
¡ Que quede bien claro! (p. 74)
En esa cantidad van incluidos los gastos del pasaporte (p. 66)

Present for other tenses

The present can take the place of many other tenses to give
extra vividness:

Future: *Si a usted le parece, aviso al médico* (p. 85)
en cuanto me especialice me largo a Suiza (p. 87)

This use is particularly frequent in questions:

¿voy a por el queso? (p. 95)

Pluperfect subjunctive: *Si lo llego a saber en aquel momento, me
muero* (p. 105).

(Note that the imperfect indicative can be used in the same
way instead of the conditional: *Si la Luisa no estuviera tan gorda,
estoy seguro que dormíamos con manta*, p. 41.)

Infinitive for Imperative

The infinitive is rapidly taking over the functions of the
imperative, especially in the plural, mainly with persons
addressed as *vosotros*, but also with *ustedes*:

Traeros unos asientos (p. 44)
¡Dejarla en paz! (p. 71)
¡Echarme un cable! (p. 52)

Sometimes *a* is prefixed:

> *¡A bailar se ha dicho!* (p. 106)
> *¡Agustinillo, a cenar!* (p. 68)

Si, pero si

Si or *pero si* are often used to emphasize an exclamation:

> *¡Si yo no le he hecho na* (=*nada*)*!* (p. 42)
> *Pero si es una estrellita* (p. 78)

The neuter feminine

The so-called "Neuter feminine" is used for an undefined object:

> *. . . me las vas a pagar* (p. 42)
> *. . . a los que se van por las buenas se las hacen pasar moradas* (p. 87)
> *¡No me tires de la lengua, que la armamos, eh!* (p. 74)
> *¡Se las sabe todas!* (p. 43)
> *. . . se las ventilan* (p. 45)

A que

A que introduces a supposition concerning something that might or might not take place, the nearest equivalent in English being "I bet . . .":

> *¿A que la que lloro soy yo?* (p. 101)
> *¿A que no sabéis cuántos resultados?* (p. 87)
> *¿A que te arreo una chufa?* (p. 60)

The redundant reflexive

The colloquial language is full of redundant reflexives (as well as weak pronouns) to add emphasis or colour:

> *Cóbrese, señor Paco* (p. 53)
> *Tráete una banqueta* (p. 34)
> *Se saca la bandeja de plata* (p. 58)
> *Te cenas unos trocitos de pescao* (=*pescado*) (p. 100)

Sometimes the meaning changes a little:

> *¡Si se los está comiendo tós* (=*todos*) *él!*, "But he's gobbling up the whole lot!" (p. 72)

INTRODUCTION 21

Ethic dative

The redundant reflexive is closely allied to the use of the
ethic dative, which indicates some interest on the part of a
person other than the subject of the verb:

> *No te me emborraches* (p. 52)
> *Se te arruga la naricilla* (p. 59)
> *Se le cae la bolsa de los tomates* (p. 36)
> *¡El Lolo se nos ha pasado al otro bando!* (p. 98)

Ya

The temporal conjunction *ya* is widely used, often to stress
the fact that something has just happened or is about to
happen, sometimes just to add emphasis:

> *Ya tié* (=*tiene*) *billete* (p. 88)
> *Luego ya comprará ella algo* (p. 95)
> *¡Ya os pillaré, ya!* (p. 30)
> *¡Venga ya!* (p. 106)

Sometimes it merely stresses the time factor (including lack
of time):

> *Ya era hora de que el tío se acordara* (p. 86)
> *Ya me queda muy poco tiempo* (p. 104)

Un, una

The indefinite article sometimes has an adjectival force:

> *Tu madre es una criá* (=*criada*), *niña* (p. 69)
> *Las gentes de hoy tenéis una cachaza . . .* (p. 100)

El, la

In the poorer districts all over Spain the definite article
often appears before the Christian name, sometimes seeming
to be the equivalent of *don, doña*:

> *La Lola, el Agustinillo, el Sebas*

It can also precede a surname when this is not immediately

seen to be one, e.g. *el Di Stéfano* (p. 57), but never, say, *el Gómez.*

Of course, there is a greater awareness of personality where there is no article: *¿Se va Lola, no?* (p. 94)

Christian names are given different treatment when the person concerned has a certain superiority or influence over others: *el señor Paco.*

Es que

Es que can introduce a question and, when short for *lo que pasa es que,* a simple statement:

> *¿Es que huelo mal?* (p. 53)
> *Es que es un tipo que me asquea* (p. 95)
> *Es que he pasao* (=*pasado*) *muy buenos ratos encima de ellas* (p. 93)

A ver

The nearest equivalent of *A ver* is "Let's see", but its use is much more widespread as its sense is exhortative:

> *A ver si le animas* (p. 76)
> *¡Y a ver si cambias!* (p. 49)
> *¡A ver qué se le debe!* (p. 53)

Negative for positive

A negative often stresses an affirmative, and vice versa:

> (a) *¡Anda y que no da sorpresas la vida!* (p. 67)
>   *¡No, yo!* (p. 98) *¡Anda y que no eres exagerá!* (p. 92)
> (b) *Pa* (=*para*) *citas estoy yo* (p. 66)
>   *¡Qué se va a ir!* (p. 102)

Singular for plural

A singular can represent an unspecified plural:

> *¡Con tanta película de guerra!* (p. 82)
> *¡Con tanto fútbol se hace uno un lío!* (p. 35)

Hecho

Hecho means roughly "become, looking like" and underlines a comparison:

> *En cuanto le ven a uno hecho un desgraciao* (=*desgraciado*) (p. 29)
> *Al Anselmo siempre lo llevaba yo hecho un señor* (p. 33)
> *Vas a ir hecho un novio* (p. 73)

A special use of demonstratives

The demonstratives *este* and *ese* can imply scorn or derision when used as pronouns or as adjectives *after* the noun:

> *El Nacho ese* (p. 32)
> *El capitoste ese* (p. 29)
> *¡Ahora aparece ésta!* (p. 39)
> *Oye, y ésta ¿qué?* (p. 64)
> *¿Qué quería ése?* (p. 95)

(Notice also that *éste* and *ése* take the place of the personal pronoun when this is considered too weak: *Ésa se ha ido a servir a Londres* (p. 33), *Era hijo de éste* (p. 54))

Lo, lo de, eso de

Lo, turning an adjective into a vague or abstract noun, is found throughout the play:

> *lo no ocupado* (p. 27)
> *¿Cómo va lo tuyo?* (p. 53)
> *¡Lo dicho!* (p. 61)
> *¡Y eso tira lo suyo!* (= *mucho*) (p. 91)

Followed by *de* it means "the matter/question of". *Eso de* is used in the same way:

> *lo del Ricardo* (p. 94)
> *Lo de siempre* (p. 94)
> *eso de los grados* (p. 35)
> *eso de los trenes* (p. 100)

Augmentatives and diminutives

These are always frequent in speech. Both can be either affectionate or derisory, though the diminutive is nearly always pleasant:

> *vasito, naricilla, mocito, durete, cartita, golfillo, sabrosón, tocón, lagartón, manotazo, derechazo, gentuza, etc.*

LA CAMISA

Esta obra fue estrenada por "Dido, pequeño teatro" en el Teatro Goya de Madrid el día 8 de marzo de 1962 con arreglo al siguiente

REPARTO

(por orden de intervención)

Abuela	Carola Fernán Gómez
Agustinillo	Alberto Alonso
Nacho	Félix Lumbreras
Señor Paco	Tomás Carrasco
Mujer	Emilia Zambrano
Juan	Manuel Torremocha
María	María Paz Ballesteros
Tío Maravillas	Pedro Oliver
Chaval	Jorge Cuadros
Lolita	Tina Sáinz
Señora Balbina	Rosa Luisa Gorostegui
Lolo	Emilio Laguna
Luis	Joaquín Dicenta
Sebas	Alberto Fernández
Ricardo	Paco Serrano
Lola	Margarita Lozano

Escenografía y ambientación: Manuel Mampaso
Dirección escénica: Alberto González Vergel

La camisa, Acto segundo

La camisa, Acto tercero.

[Foto "Cuadros"]

Decorado de *La camisa*

La camisa, Acto segundo

ACTO PRIMERO

AL ALZARSE el telón se ve una calle que, después de ocupar horizontalmente todo el primer término, tuerce en el extremo derecha y se pierde hacia el fondo. En segundo término, a la izquierda, y ocupando algo así como la tercera parte del escenario, se ve una humilde habitación de chabola.[1] A la derecha, una puerta. Ésta da a un solar. Este solar, menos por delante, está cercado por una valla. A la derecha del solar, la calle arriba citada. A la derecha de la calle, o sea lateral derecha del escenario, se ve "CASA PACO", la tasca. Al perderse la calle hacia el fondo va a dar contra la fachada de una casa popular de dos pisos. Cada piso tiene un corredor. El fondo de la calle corresponde con el portal de la casa. Hacia la derecha e izquierda de ésta, figura cruzar otra calle. Las dos terceras partes del fondo, que es lo no ocupado por la fachada de la casa, con cielo raso. Naturalmente, todo lo anterior corresponde a un barrio extremo de Madrid.

Durante los tres actos se mantiene la misma decoración.

En escena se ve a la abuela tendiendo ropa en una cuerda que hay en el solar. Las prendas que tiende son: unos calzoncillos, un par de calcetines, un pañuelo y un pantalón.

En el solar, sentados en el suelo, están Agustinillo y Nacho. Durante la escena éste fuma. Luego, según la marcha de la acción, tira la colilla, la coge Agustinillo, le da una chupada y la tira a su vez.

ABUELA: (*Tendiendo*) ¿Qué pensará hacer este hombre sin camisa? ¡Qué tiempos éstos! ¡Tiempos de boquilla![2]

[1] *chabola*, a one-room hovel.
[2] *de boquilla* means to say something without meaning it, therefore the grandmother is expressing her disapproval at the current state of affairs.

AGUSTINILLO: Abuela.

ABUELA: (*Sin hacer caso, sigue monologando*) Hasta tres cuerdas de ropa llenaba yo. Y es que había brazo, tajo y ganas de arremeterle al mundo.[1]

AGUSTINILLO: Abuela.

ABUELA: (*Igual*) Sus malos ratos costaba, claro está. Pero los hombres se han hecho pa eso: pa los buenos y pa los malos ratos. Y el que no sea hombre que estire la pata y no nos haga vivir jorobás.[2]

AGUSTINILLO: (*Levantándose*) Abuela.

ABUELA: (*Acabando de tender*) ¡Abuela! ¡Abuela! ¿Qué quieres?

AGUSTINILLO: Sólo dos perrillas,[3] abuela.

ABUELA: ¿Y de dónde quieres que las saque?

AGUSTINILLO: ¿Te lo digo?

ABUELA: ¡Condenao! ¡Ya has vuelto a espiarme!

AGUSTINILLO: No se lo he dicho a nadie. Y si me das las dos perrillas . . .

ABUELA: (*Furiosa*) ¡Dos mordiscos en las entrañas te voy a dar yo a ti![4] (*Hace que se va*)

AGUSTINILLO: Escucha, abuela. Sólo nos faltan dos perrillas pa . . .

ABUELA: (*Enfrentándose*) ¿Pa qué?

---

[1] *brazo . . . mundo*, "strength, work and the desire to get on in the world".

[2] *Y el que . . . jorobás* (=*jorobadas*), "And those that aren't man enough should kick the bucket and not make our lives a misery". *Joroba* is a hunchback; compare the English "He's got the hump today!" The Spanish is stronger, meaning embittered or seriously put out.

[3] *perrillas*, dim. of *perras*. Coins of 10 and 5 cents have been known for a long time as (*perras*) *gordas* and (*perras*) *chicas*. The origin is amusing—the Republic of 1870 issued new coins replacing the exiled Isabel II with a lion rampant. Unfortunately, the engraver could only achieve a rather placid shaggy dog and the nickname *perro* sprang up. In Spanish a change of gender frequently takes place. Compare: *cesto, cesta; bolso, bolsa; capacho, capacha; congelador, congeladora*. There is often a difference in size.

[4] *¡Dos mordiscos . . . a ti!*, "A couple of bites in your inners is what I'll give you!" This sounds a bit strong or exaggerated to English ears, but in Spain there are any number of equally violent expressions which are just a manner of speaking.

AGUSTINILLO: Pa comprar unos petardos.

ABUELA: (*Indignada*) ¿Petardos? ¿Es que no sabes que tu padre anda sin camisa? Mira, mamarracho (*le señala, una por una, todas las prendas*): calzoncillos, calcetines, pañuelo y pantalón; pero ¿y la camisa?, ¿dónde está la camisa? ¡Y tú, pensando en comprar petardos! . . . Reúne, reúne pa la camisa de tu padre, que pueda presentarse ante el capitoste ese. ¡Y déjate de petardos! (*Coge el cubo donde tenía la ropa y se mete en la chabola*)

AGUSTINILLO: (*A Nacho*) En un calcetín amarillo guarda su dinero. No da ná a nadie. Dice que es pa su entierro.

NACHO: ¡Vaya una vieja!

AGUSTINILLO: ¿Y sabes dónde lo esconde?

NACHO: Debajo un ladrillo,[1] ¿no?

AGUSTINILLO: No. Lo lleva dentro de ella, sujeto con imperdibles. (*Pausa*)

NACHO: Oye, ¿sabes qué le he dicho al señor Paco? . . . Que o nos eleva el nivel de vida o no hay bellas vistas. Se las he puesto a dos reales.[2]

AGUSTINILLO: ¿Y qué?

NACHO: Ná; le pareció caro. "¡Pero si no para de subir to señor Paco!", le expliqué. Y el tío, ni caso.[3]

AGUSTINILLO: Es un explotador, ¿verdá?

NACHO: ¡Da asco! En cuanto le ven a uno hecho un desgraciao . . . Oye, ¿es verdá que tu padre no tié camisa?

AGUSTINILLO: Sí tiene, pero son de color. Y dice que pa ir a ver a no sé quién debe ir con camisa blanca y corbata. ¿Es de marica eso?

NACHO: Yo no iría así.

AGUSTINILLO: Ni yo. Y menos como dice la abuela, que quiere encasquetarle también cuello duro.

---

[1] *Debajo un ladrillo*. Note the loss of *de* in rapid speech.
[2] *Se las he puesto a dos reales*, "I'm charging him two *reales* (from now on)". The *real*, 25 cents, used to be the monetary unit of Spain. The meaning of the *bellas vistas* will become clear later on.
[3] *ni caso* is short for *no me hizo ni caso*, "he took no notice".

"con aspecto de visitadora"

NACHO: Pues va a parecer un tío forrao de millones.
(*Mira hacia el fondo de la calle y descubre a una mujer*)

AGUSTINILLO: Nacho, ¿tú crees que . . . ?

NACHO: (*Cortando*) ¡Calla! (*Corre hacia la valla y mira por una de sus rendijas. Se vuelve hacia Agustinillo y le dice*) Avisa al señor Paco. ¡Rápido! (*Queda escondido detrás de la valla*)

AGUSTINILLO: (*Corre hacia la tasca y, desde la puerta, exclama*) ¡Preparao, señor Paco! (*Vuelve al lado de Nacho*)
(*La mujer se acerca, llena, atractiva. Viste traje de vuelo. El señor Paco se asoma y la ve. Muy emocionado, exclama*)

SR. PACO: ¡Os doy un duro! (*Se oculta otra vez*)

NACHO: (*A Agustinillo*) ¡Túmbate; de prisa!

AGUSTINILLO: (*Tirándose al suelo y retorciéndose*) ¡Ay, mamá, mamaíta! ¡Socorro, ay, que me muero!

MUJER: (*Corriendo a auxiliarle*) ¿Qué te pasa, chico? ¿Qué tienes?
(*La mujer se agacha y trata de levantarle. Entonces se le acerca rápidamente Nacho y le levanta las faldas. El señor Paco observa sin perder detalle. Los dos golfillos, ante la indignación de la mujer, salen corriendo, uno por el lateral izquierdo y el otro por el fondo de la calle*)

MUJER: (*Alisándose las faldas, furiosa*) ¡Sinvergüenzas! ¡Golfos!

SR. PACO: (*Que ha salido decidido de la tasca*) ¡Granujas! ¡Ya os pillaré, ya!

MUJER: (*Al Sr. Paco*) ¿Pero usted se ha fijado?

SR. PACO: Sin querer, señorita; involuntariamente. Y permítame decirle, con to respeto, que no lo lamento.

MUJER: ¡Usté es un descarao![1]

SR. PACO: Y usté no esté hecha: ¡Usté está esculpida![2]

MUJER: (*Muy digna y muy ofendida, sale por el fondo derecha exclamando*) ¡Gentuza!

---

[1] *¡Usté (=usted) . . . descarao (=descarado)!* The use of *un* turns the adjective into a noun, giving it far more substance. In Spanish *descarado* and *cara dura* are used to describe people who go too far or have too much "cheek".

[2] *¡Usté está esculpida!* (sculptured), "What a figure you've got there!"

Sr. Paco: (*Siguiéndola un poco*) ¡Qué gachí!

(*Por el lateral izquierdo reaparece Nacho y, pícaro, llega hasta el tabernero y le dice*)

Nacho: Qué, señor Paco, ¿satisfecho?

Sr. Paco: ¡Qué más quisiera yo, chaval! (*Repeluzno*) ¡Ayyy!

Agustinillo: (*Entra corriendo por el lateral izquierdo y le dice a Nacho*) ¿Te ha dao el duro?

Sr. Paco: ¡Calma, chico! ¡Cálmate!

Nacho: (*Amenazador*) ¡Usté dijo un duro! ¡Veinte reales, señor Paco!

Sr. Paco: (*Sacándose dos reales y dándoselos a Agustinillo*) Toma, tú, que eres sensato, ¡dos realitos! Y largo, ¡fuera de aquí! (*Les da la espalda y se dirige al interior de la tasca*)

Nacho: (*Amenazador*) ¡Señor Paco!

Sr. Paco: (*Cerca de la puerta*) ¡Olvídame, pipiolo!

Nacho: (*Enérgico*) ¡Señor Paco! (*El tabernero se da la vuelta y queda en la puerta de la tasca, cara al golfillo. Éste, de repente, se arranca y va a incrustar su cabeza en el vientre del tabernero, haciéndole caer hacia dentro. Al mismo tiempo, exclama*) ¡Tío sucio!

Agustinillo: (*Agarrando a Nacho*) ¡Vamos, Nacho! ¡De prisa! (*Juntos desaparecen corriendo por el fondo de la calle*)

Sr. Paco: (*Saliendo de la tasca y persiguiéndolos hasta el fondo*) ¡Hijo de puta![1] ¡Te voy a patear las tripas! ¡Ya te agarraré, ya! ¡De a metro vas a criar las malvas![2]

(*Por el fondo de la calle aparece Juan. Mira hacia el lado por donde han desaparecido su hijo y Nacho. Dirigiéndose al Sr. Paco, le pregunta*)

Juan: ¿Le ha hecho algo el Agustinillo?

Sr. Paco: No, no es a tu chaval al que estrangularía de buena

---

[1] *¡Hijo de puta!* This insult is as old as the hills and is seen in the Quixote and in that precursor of the novel, the *Lazarillo de Tormes*.

[2] *¡De a metro . . . malvas!* Criar malvas is the same as "Kicking up the daisies". Typical Spanish exaggeration makes them in this case a yard high.

gana. (*Juntos avanzan*) El Nacho ese es un golfo. Te está maleando al crío.

(*Se quedan parados. Del último piso de la casa de los corredores sale una voz que, irritada, exclama*)

Voz DE MARÍA: ¡Borracho! ¡Indecente! ¿Y a esta hora te presentas a dormir? ¡Y mira la chaqueta cómo la trae![1] ¿Y el pantalón? ¿Pero te has visto el pantalón? ¡Se acabó, ea![2] ¡Que te lo zurza tu madre! ¡No te aguanto más (*Se oye un portazo. Voz alejada*) ¡Borracho! ¡Asqueroso!

SR. PACO: ¡Qué tía!

JUAN: ¡Pobre mujer!

SR. PACO: (*Palmeándole la espalda*) To se arreglará, muchacho. No hay mal que cien años dure.

JUAN: (*Serio*) No diga tonterías. Un verano más a la espalda y ahí (*señala la chabola*), señor Paco, ahí metíos. Y por si fuera poco (*le muestra sus brazos*), éstos en el aire, sin un puñetero ladrillo que agarrar.

SR. PACO: ¿Quieres un vasito? Anda, te invito.

JUAN: Ahora, no. Gracias.

SR. PACO: ¿Temes que la Lola se te ponga como esa prójima[3] de ahí arriba?

JUAN: (*Duro*) ¡Esa prójima de ahí arriba no tardará ni un cuarto de hora en volver a su puesto![4] Y usted lo sabe. ¡Así que cállese!

SR. PACO: No lo he dicho en mal plan, muchacho.[5]

(*Juan se dirige hacia la entrada de la chabola. El tabernero se le*

---

[1] *¡Y mira . . . trae!* *Traer* here replaces *tener*. The English might be "Look what a state your jacket is in!" The change to the third person is not unusual—the remark is addressed to the world in general.

[2] *¡Se acabó, ea!* *Ea* is an energetic word used to stress the fact that a decision has been reached.

[3] *Prójima* is a substitute for *mujer*, expressing contempt. A man might be referred to as *ese tipo*. (cf . . . *con tipos así* . . . p. 43)

[4] *Un puesto* is "a post" not only in the sense of "job" but also "duty". This woman's obligation is felt to be to stay with her husband whatever happens.

[5] *No lo he dicho en mal plan*, "No harm meant".

queda mirando. Luego, con un gesto de circunstancia, se mete en la
tasca. Juan entra en la chabola.)

ABUELA: ¿Qué?

JUAN: De vacío, abuela. ¿Y su hija?

ABUELA: Se ha ido con la niña a por unos tomates.

JUAN: (*Sentándose en una banqueta que arrima a la mesa*) Mañana
iré al Rastro[1] a echar un vistazo. Su hija tié razón en lo
de la camisa. Hay que aparentar un poco, si no . . .

ABUELA: ¡Natural, hijo! Al Anselmo siempre lo llevaba yo
hecho un señor. Y porque era un poco vago vago, si no,
nunca le hubiera faltao un tajo donde desperezar los
músculos. Pero, en fin, él tiraba por lo cómodo:[2] ¡nació
portero y muró conserje! ¡Ahora, eso sí: siempre con
cuello duro! Todavía guardo uno. Con él se casó conmigo.
¡Estirao y apuesto que iba el condenao!

JUAN: ¿Ha venido el Sebas por aquí?

ABUELA: No, no ha venío nadie. El que se va es el Manolo, el
de la Luisa.[3] Le ha escrito su primo desde Ginebra; le
dice que allí hay tajo pa él. Se está yendo mucha gente,
¿sabes? Pa Alemania los más. La que ha mandao una
carta entusiasmá es la Reme. Ésa se ha ido a servir a
Londres y dice que el pan anda tirao. Pué ser . . . Oye,
¿por qué no embarcas a la Lola? ¡A puñaos esperan esos
países criás pa servir! Primero, ella, y, una vez instalá,
arrancas tú con los chicos. (*Yendo hacia Juan*) Pero, ¿qué
te pasa, Juan? ¿Estás llorando?

JUAN: No es na, abuela.

ABUELA: Hijo.

JUAN: Déjeme, abuela. ¡Déjeme! Esto pasa de cuando en
cuando.

ABUELA: Escucha . . .

---

[1] *El Rastro* is an open-air market for second-hand goods which covers
several streets in Madrid, particularly on Sunday mornings.

[2] *él tiraba por lo cómodo*, "he preferred to take things easy".

[3] *el de la Luisa.* After *el*, *marido* is understood.

JUAN: (*Dando un puñetazo sobre la mesa y levantándose repentinamente*) ¡Déjeme en paz!

(*De la tasca sale el señor Paco con una mesa y la coloca a la puerta*)

SR. PACO: (*Hacia adentro*) Tráete una banqueta, chaval.

ABUELA: (*Pelando patatas*) ¡Si yo tuviera unos años menos! . . . Pero ¿dónde va una a mi edad?

(*Por el fondo de la calle entra el Tío Maravillas con un manojo de* *globos de colores. Al verle, el tabernero exclama*)

SR. PACO: ¡Dichosos los ojos,[1] Maravillas! ¡Tres días sin verte! Pero ¿tanto te dura ahora la merluza?[2]

TÍO MARAVILLAS: Hay que estirarla, amigo. ¿Sabe a cómo está hoy el kilo? ¡A ciento diez pesetitas, imagínese!

SR. PACO: Por eso tú las prefieres de a siete el litro,[3] ¿eh? (*Coge la banqueta que le alarga el chaval de la tasca. Dirigiéndose a éste*) Sácale un tintorro al Tío Maravillas. Invita la casa.

TÍO MARAVILLAS: Usted siempre da gratis el anzuelo, granuja.

SR. PACO: ¿Qué? ¿Te sientas un ratejo?

TÍO MARAVILLAS: No, que se me escapa la clientela. ¡Es la hora de los globitos! Y a propósito, ¿ha visto usted el satélite?

SR. PACO: ¿Cuál? ¿El americano o el ruso?

TÍO MARAVILLAS: ¿Pero usted lee la prensa? El ruso ya ha hincao el morro.[4] El de los garbeos ahora es el de la Coca-Cola: el "Eco I".[5] (*Sale el chaval con el vaso pedido*)

[1] *¡Dichosos los ojos!* is short for *¡Dichosos los ojos que te ven!*, "It's wonderful to see you again!"

[2] *merluza* is normally "hake", a popular though expensive type of fish, but it is also one of the endless words used for "drunkenness". This double meaning is the basis of the following puns.

[3] *de a siete el litro* means the 7 pesetas a litre sort of wine, i.e. very cheap. Even so, it is expensive for Tío Maravillas to get drunk on.

[4] *Hincar el morro* = "To lower the face, i.e. to die, to come to an end". *Morro* is in fact slang for "mouth" or "nose".

[5] *El de los garbeos . . . "Eco I"*, "The one wandering about now is old Coca-Cola's one—"Echo I". *Coca-Cola* is a new version, invented by Tío Maravillas, of Uncle Sam. The satellite Echo I was launched on 12th September 1960 from Cape Kennedy (then Cape Canaveral).

Trae acá, chaval. ¿Qué periódico hojea usted? (*Bebe un trago*)

Sr. Paco: "Pueblo".

Tío Maravillas: ¿Tié el de anoche?

Sr. Paco: (*Al chaval*) Sácate el "Pueblo" de anoche.

(*El chico entra en la tasca*)

Tío Maravillas: Además del peso de las botas de Di Stéfano, viene el horario y, también, las direcciones del balón; digo del "Eco". ¡Con tanto fútbol se hace uno un lío!¹ (*El chaval sale con el periódico. El Tío Maravillas lo coge. Lo hojea. Al fin, lee.*) Escuche: "Horas y direcciones pa ver hoy el satélite "Eco I" desde Madrid. 8,19 de la noche, norte de la ciudad, 58 grados NE (*Pronuncia "ne"*). 10,24 de la noche, norte de la ciudad, 67 grados SE (*Pronuncia "se"*). Hay que verlo, señor Paco. (*Dejando el periódico sobre la mesa*) Aunque sólo sea pa contárselo a los nietos.

Sr. Paco: Pero oye: ¿tú entiendes eso de los grados y lo del *se* y del *ne* que pone ahí?

Tío Maravillas: Yo no me dejo complicar la vida. Alzo la cabeza, ¡y miro! ¿Sabe usted qué he pensao?

Sr. Paco: Tú dirás.

Tío Maravillas: Que el día que llenen el firmamento de satélites y los pinten de colores me inmortalizan. Algún nieto suyo leerá en los papeles: "El tío Maravillas, ¡un español!, precursor de lo interplanetario." ¡Eh! ¿Qué tal suena? (*Brindando*) Va por mi país:² ¡El reino de la fantasía!

(*En la chabola, la abuela ha sacado de la cómoda un cuello duro y trata de colocárselo a Juan*)

---

¹ The muddle here is due to the excessive importance given to football. Tío Maravillas is so used to seeing nothing else in the newspaper that he even calls the satellite a football—*balón*. Di Stéfano was a famous centre-forward of Real Madrid, a team which won the European Cup several times.

² *Va por mi país*, "My country!" This is the Spanish way of drinking a toast.

ABUELA: Irás con aspecto de señor y te harán más caso.

Tío MARAVILLAS: (*Despidiéndose*) Hasta más ver, señor Paco.

ABUELA: Enderézate un poco.

Tío MARAVILLAS: (*Iniciando la salida*) ¡Globitos!

ABUELA: Yo creo una cosa: en este país, cuando todos llevemos cuello duro . . .

Tío MARAVILLAS: ¡Globitos de colores! (*Saliendo*) ¡Compren globitos!

(*Por el fondo de la calle entra Lolita. En una bolsa de papel trae tomates. Al pasar por delante del tabernero, éste, melifluo, la saluda*)

SR. PACO: Hola, nena.

LOLITA: Buenos días, señor Paco.

(*A Lolita, azorada, se le cae la bolsa de los tomates y éstos se desparraman por el suelo. Al agacharse a cogerlos enseña las piernas. El tabernero se las mira. Luego va hacia ella y, ayudándola a recoger los tomates, le dice*)

SR. PACO: Eres muy guapa, Lolita. (*Pausa*) ¿Cuántos años tienes?

LOLITA: Catorce cumpliré en enero.

(*Se levanta con los tomates ya recogidos, menos uno, que le quita al tabernero de las manos. Rápida, se mete en la chabola.*)

SR. PACO: ¡Eres muy guapa!

(*Se va hacia la mesa, coge el periódico y se sienta*)

LOLITA: Hola, padre. Los tomates, abuela.

(*Deja la bolsa encima de la mesa*)

ABUELA: (*Coge un cántaro de barro que hay al lado del fogón y echa agua en el cacharro en el que tiene las patatas ya peladas.*) ¿Y tu madre?

LOLITA: Se ha ido al Rastro a ver si encuentra . . .

ABUELA: Ya, ya . . .

(*La señora Balbina acaba de salir del primer corredor a tender la ropa que trae en un barreño*)

BALBINA: Buena está la mañana, ¿eh, señor Paco?

ABUELA: Espera, nena.

Sr. Paco: De turista caro,[1] Balbina.

Abuela: Te has olvidao del orinal. Sácalo, anda.

Balbina: ¡Caro y con machacantes USA![2] (*Lolita saca el orinal de debajo de la cama y con él sale al solar. En un rincón lo vuelca.*) Lolita, ¿está tu madre ahí?

Lolita: No, señora Balbina. Ha ido al Rastro. ¿Quiere usted algo pa ella?

Balbina: Cuando vuelva, dile que me llame. Tengo que hablarle.

Lolita: Descuide, yo se lo diré.

(*Balbina se mete dentro de la casa. Lolita va a meterse en la chabola, pero la voz del tabernero la para.*)

Sr. Paco: Un día te va a pillar el guardia.[3]

Lolita: No sería a mí sola, señor Paco. Somos muchos los que . . .

Sr. Paco: Si fueras . . . hija mía, vivirías en un piso nuevecito.

Abuela: (*Desde dentro de la chabola*) ¡Nena!

Sr. Paco: Con cuarto de baño y grifos, muchos grifos por los que saliera el agua.

Abuela: (*Asomándose a la puerta*) ¿Qué haces aquí de cháchara? Anda, coge el cántaro y vete a por agua.

Sr. Paco: Hola, abuela.

Abuela: (*Se mete, sin hacer caso del tabernero. Lolita la sigue, deja el orinal debajo de la cama y coge el cántaro. Mientras realiza esto, la abuela exclama*) Ese tío me estomaga. ¡No le des palique! (*A Juan, que acaba de destapar la olla que hay sobre el fogón*) Otra vez patatas viudas.

---

[1] (*La mañana está*) *de turista caro*. This means that it is fine but not too hot—just what the rich holiday-maker prefers. Most people who can afford it get away from Madrid in the summer months to escape the heat.

[2] *¡con machacantes USA!* (read *usa*), "with solid U.S. dollars". This means that only the rich (i.e. as rich as the Americans) can afford to go and look for such weather.

[3] In Spain, as in most countries, it is forbidden to foul public places. But, as Lolita suggests, many people have no alternative.

JUAN: Valen,[1] abuela. Usté las borda.

(*Lolita acaba de salir con el cántaro, dirigiéndose hacia el lateral derecho. Antes de que salga, el tabernero recalca*)

SR. PACO: ¡Con muchos grifos, Lolita!

ABUELA: La práctica, hijo. Los que ya se me atragantan son los tomates con sal. Con aceite aún los paso, pero tal y como los da la tierra . . .

JUAN: Son sanos. Y algo alivian este modo de ir tirando.[2]

ABUELA: Oye, Juan: la niña, de recadera, podría traer unas perras a casa.

JUAN: No está en la ley que a su edá trabajen.

ABUELA: ¡La ley! ¡De menos años que ella andan llevando recaos. A la de la Felisa[3] le dan siete pesetas. ¡Y buenas son, hijo! Ya sé que los del Sindicato[4] no dejan trabajar hasta los catorce y que el jornalillo es de diez; pero to eso, al frutero, o al pastelero, o al que sea, le tié sin cuidao. Y, si no, el Agustinillo podría . . .

JUAN: (*Levantándose, iracundo*) ¡El Agustinillo, al colegio! Dentro de unos días empezarán de nuevo las clases y él volverá a ir. ¡Mañana, tarde y noche si es preciso! Y si se muere de hambre, ¡que se muera! ¡Pero que se muera con un libro en las manos!

(*Sale. Llega hasta la parte de valla que está más cerca de las candilejas y pega en ella un puñetazo. No se ha dado cuenta, por ensimismamiento, de que el tabernero le está observando.*)

SR. PACO: ¿Hay tormenta, muchacho?

JUAN: (*Entrando en la tasca*) ¡Sí, hay tormenta!

---

[1] *Valen* = "They'll do". *Vale* is often used meaning "That's O.K." The use of *bordar* tells us that the grandmother knows how to turn the potatoes alone into a tasty dish.

[2] *Y algo . . . tirando,* "And at least they're some support for this hard life". *Ir tirando* is "to rub along", "to get by", etc.

[3] *la de la Felisa—hija* is understood. See note 3, page 33.

[4] *Sindicato.* Every working person in Spain has to belong to the appropriate trade union. These are known as *sindicatos verticales*, that is, they include both employer and employee, and the officials are appointed by the Government.

Sr. Paco: (*Entrando también*) Chaval, sirve lo que te pidan. Lo primero, por cuenta de la casa.

(*Por el fondo de la calle asoman la cabeza Agustinillo y Nacho. Éste le dice al otro*)

Nacho: Hala, vete y da el queo. *Ya go & have a look*

Agustinillo: ¿Por qué no vas tú? *Why don't ya*

Nacho: (*Empujándole*) ¡No seas gili!

(*Agustinillo avanza, rápido y de puntillas, hasta la tasca. Y mira con cuidado hacia dentro. Se vuelve hacia Nacho y, soltando un leve silbido golfesco, exclama*)

Agustinillo: ¡Vía libre!   *bangers*

(*Se juntan en el solar y sacan los petardos para esconderlos*)

Nacho: ¿Tú cuántos?

Agustinillo: Sólo dos.

Nacho: Y tres míos, cinco. Con cinco petardos . . .

(*Por el lateral derecho acaba de entrar Lolita, cargada con el cántaro. Se dirige hacia Nacho, cortándole la frase*)

Lolita: (*Ilusionada*) ¡Nacho!

Nacho: (*La mira; sin hacerle caso, vuelve al diálogo con Agustinillo, no sin antes exclamar, despectivo*) ¡Ahora aparece ésta!

Lolita: (*Sorprendida*) Nacho, pero ¿qué te pasa?

Nacho: (*Girando, como en un tic nervioso, la cabeza hacia ella*) Na. (*Hacia Agustinillo*) ¡Vaya un rostro que le echa![1]

Lolita: (*Dejando el cántaro en el suelo*) No te entiendo.

Nacho: (*Duro*) ¡Ayer me diste plantón! *you let me down*

Lolita: Fui con mi madre a lavar.

Nacho: ¡Pues se avisa, que uno no es un poste![2]

Lolita: (*Pícara*) ¿Nos veremos esta tarde?

Nacho: (*Cediendo un poco*) ¿A que te digo que no?

Lolita: (*Pícara y con intención*) Donde siempre, ¿eh, Nacho?

---

[1] *¡Vaya un rostro que le echa!* (i.e. *a la cosa*). "She is a cool customer all right!" (as if she did not know what was wrong with Nacho).

[2] *¡Pues se avisa . . . poste!*, "You might have told me, I am not a lamp post!" Note the use of the impersonal *se* to denote obligation.

NACHO: (*Cediendo y pasando a la sonrisa, le da significativamente con el codo*) ¡Está bien!

AGUSTINILLO: ¡Una perrilla ca'uno, o me chivo!

NACHO: (*Amenazándole*) ¡A que te doy!

LOLITA: No le hagas caso; no dirá na.

AGUSTINILLO: Muy segura estás tú. Lo dicho: ¡por dos perrillas me vendo!

LOLITA: ¿Y si le digo a la abuela que anoche, aprovechando que estaba dormida, casi la[1] desprendiste el calcetín?

AGUSTINILLO: (*Amenazador*) ¡Que yo . . .!

LOLITA: ¡Sí, tú!

AGUSTINILLO: ¡Tú deliras, muchacha!

LOLITA: (*Intencionada*) ¿Se lo digo?

AGUSTINILLO: (*Sigue amenazador*) ¿Así que os vais a ver donde siempre?

LOLITA: (*Igual*) Sí, ¿qué pasa?

AGUSTINILLO: (*Cediendo*) ¡Me parece fetén, chicos! (*Hacia la chabola*) Madre. (*Entra y, al ver que su madre no está rectifica*) Oye, abuela: ¿tiés un cacho pan?[2]

ABUELA: Ni un cacho piedra, hijo. Aguántate un poco. Pronto comeremos algo.

(*Agustinillo sale de nuevo al solar y ve a Nacho y a Lolita "haciendo manitas". Pícaro, les dice*)

AGUSTINILLO: Aprovechar.[3] ¡La vida es corta!

(*Lolita coge el cántaro y entra en la chabola*)

NACHO: (*A Agustinillo*) ¡No seas gamberro!

ABUELA: (*A Lolita*) Échame un poco en la palangana.

NACHO: Con cinco petardos no hay na que hacer. (*Sale Balbina y reanuda el tendido de la ropa*) Si conseguimos tres más, el susto va a ser de bigote.

AGUSTINILLO: Bueno, a esconderlos.

[1] *la.* There is a tendency in Madrid and elsewhere to use *la* instead of *le* for the feminine dative.

[2] *cacho pan.* For the omission of *de* see note 1, page 29.

[3] *Aprovechar.* The infinitive, with or without *a*, is often used for the imperative. See later *a esconderlos.*

NACHO: ¡Nos vamos a mondar,[1] verás!

(*El Sr. Paco se asoma a la puerta de la tasca*)

SR. PACO: (*Comentando en alto hacia la Balbina*) Desde luego, los veraneantes no saben lo que se han perdido. Llevamos unos días que ni hechos de encargo.[2]

(*Al oir al tabernero, los dos golfillos se esconden detrás de la valla*)

BALBINA: Como que el norte se ha trasladao al Parque Sindical. ¡En mi vida he visto tanta carne amontoná![3]

SR. PACO: Si la Luisa no estuviera tan gorda, estoy seguro que dormíamos con manta. (*Nacho le tapa la boca a Agustinillo, que apenas puede contener la risa*) ¡Pero la condená tié un volumen que . . . !

BALBINA: No se queje. ¡Calorcito natural p'al invierno!

AGUSTINILLO: (*No puede contenerse más y rompe a reir*) ¡Ay, qué tío!

BALBINA: (*Señalando al Agustinillo*) ¡Que se nos monda ese chico! ¡Vaya una risa que le ha entrao!

SR. PACO. (*Descubriendo a Nacho*) ¡Ah, ahora me las vas a pagar![4]

(*Nacho, desafiante, se prepara para el regate*)[5]

(*Sale el chaval de la tasca a contemplar la escena*)

SR. PACO: ¡Te voy a partir la boca!

(*Nacho le regatea y sale corriendo por el fondo izquierda. La Balbina ríe con ganas. Agustinillo exclama*)

AGUSTINILLO: ¡Corre, Nacho!

SR. PACO: (*Que ha salido corriendo detrás de Nacho, regresa.*) ¡A

---

[1] *Nos vamos a mondar—de risa* is understood.

[2] *Llevamos . . . encargo,* "We couldn't have wished for better (i.e. cool) weather these last few days" (even if we had ordered it).

[3] *¡En mi vida . . . amontoná!* (=*amontonada*), "I've never seen so many people crammed in together". *En mi vida*="never". Notice the use of a positive expression to make a statement emphatically negative.

The *Parque Sindical* is a big park near Madrid, by the river Manzanares, equipped with bars, swimming pools and sports grounds, for the use of members of trade unions and their families. One of the pools is held to be the biggest in Europe.

[4] *¡Ah, ahora . . . pagar!,* You'll pay me for this! *Las* is the "feminine neuter". (See Introduction, p. 20.)

[5] *se prepara para el regate,* "gets ready to dodge".

ese mal nacío me lo cargo el día menos pensao![1] (*A Agusti-nillo*) ¡Y a ti . . . ! (*Le coge de un brazo*)

AGUSTINILLO: ¿Pero qué le he hecho yo? ¡Si yo no le he hecho na!

SR. PACO: ¡Pero me las vas a pagar por el otro!

AGUSTINILLO: (*Soltándose*) ¡Amos venga! (*Sale corriendo por el mismo sitio que Nacho*) ¡Nacho, espérame!

BALBINA: (*Intensificando la risa*) ¡Le sobran a usted grasas!

SR. PACO: ¡La madre que los parió![2] (*Al chico de la tasca, muy furioso*) Y tú, ¿qué haces aquí? Venga, ¡hala pa dentro, desgraciao!

(*Diciendo lo anterior, le pega un cachetazo, y no llega a pegarle una patada porque el chico ha entrado corriendo en la tasca*)

BALBINA: ¡No te digo! ¡Como pa hacerle magistrao,[3] vamos!

(*María, la del segundo corredor, sale a éste con una palangana y ropa lavada en ella. Son dos prendas: un pantalón y una chaqueta. Las tiende. Al mismo tiempo, agria la voz, va exclamando*)

MARÍA: ¡A la próxima[4] le degüello o me cuelgo yo de esta cuerda! ¡Maldita sea la hora en que me casé contigo! ¡En las esquinas me debía haber plantao![5]

BALBINA: ¡Calla, criatura! ¿Qué estás diciendo?

MARÍA: ¿Pero es esto vida? ¡Borracho el padre! ¡Borracho el hermano! ¡Y por si una no estuviera bastante asqueá, le cae encima este pellejo de tío que no tié reaños pa exigir lo que haga de él un hombre![6] (*Metiéndose*) ¡Que lo degüello o me cuelgo, jurao!

---

[1] *¡A ese . . . pensao* (= *pensado*) *!*, "I'll kill that guttersnipe one of these days (out of the blue)!"

[2] *¡La madre que los parió!* A common phrase expressing surprise or exasperation.

[3] *Magistrado* = the highest-ranking judge. Balbina is praising Sr. Paco for his oratorical powers.

[4] *A la próxima—vez que se emborrache* is understood.

[5] *¡En las esquinas . . . plantao* (=*plantado*) *!* She means that she would have had a better life even as a prostitute.

[6] *Hacer un hombre* = "to put someone in a good position". María means that her husband hasn't the courage to demand a just wage.

BALBINA: Aquí, como en las Salesas: ¡To dios jura![1] (*Entra*)
(*En la chabola, la abuela, quitándose la bata, se dispone a lavarse*)

LOLITA: Tarda madre. Debe estar revolviendo to el Rastro.

ABUELA: (*Comenzando a lavarse*) Cuando se va a los sitios con poco dinero, nunca sabe una la hora del regreso.

LOLITA: ¿Encontrará la camisa?

ABUELA: Hoy to está muy caro, pero algo encontrará. ¡Qué remedio![2]
(*Por el fondo de la calle aparecen el Sebas, el Lolo y el Luis. Vienen comentando.*)

LOLO: Menudo andova es el gachó ese.[3] ¡Se las sabe todas![4]

LUIS: Es un cara.[5]

SEBAS: (*Hacia la chabola*) ¡Juan!

LUIS: A mí, con tipos así, no me gusta alternar.

SEBAS: (*Caminando hacia la chabola*) Ir pidiendo una ronda. ¡Juanillo!

LOLO: (*Metiéndose en la tasca y hablando encima de las palabras del Sebas*) ¡Hay que buscar un buen padrino, Luis; si no, vamos daos![6]

SEBAS: (*Desde la puerta de la chabola*) Oye, Juan.

LOLITA: No está.

ABUELA: (*Secándose con naturalidad*) ¡Ah! ¿Eres tú, Sebas?

SEBAS: Yo soy, abuela. ¿Por dónde anda el Juan?

---

[1] *¡To* (= *Todo*) *dios jura!*, "Everybody swears!" *Las Salesas* is the name commonly used for the *Palacio de Justicia*, which stands in a square in Madrid that took its name from the near-by convent of the Salesian nuns. So here we must understand both meanings of *jurar*—(i) to swear (on oath) and (ii) to curse.

[2] *¡Qué remedio!* = "There's no alternative!", i.e. "She's got to!"

[3] *Menudo* means "small", but is often used in conversation to imply the exact opposite.

[4] *¡Se las sabe todas!*, "He knows all the tricks". This is another example of the "feminine neuter".

[5] *Es un cara (dura)*. See note 1, page 30

[6] *vamos daos* (=*dados*), "we are lost". The expression may be connected with *dar de baja*, "to take somebody (e.g. a soldier, patient, teacher) off the list" (through dismissal, death, disappearance, etc.).

JUAN: (*Apareciendo en la puerta de la tasca*) ¡Sebas, aquí estoy!

SEBAS: Hasta más ver abuela. Adiós, Lolita.

ABUELA: (*En voz alta*) ¿Qué hay de ese viaje?

SEBAS: (*A mitad de camino entre la chabola y la tasca*) Con los trapos en la maleta estoy. (*A Juan*) Oye, tenemos que hablar. (*Hacia adentro de la tasca*) Lolo, salíos pacá,¹ que hay más aire, y traeros unos asientos.

SEBAS: ¡Me las piro, Juanillo! (*Sacando un pasaporte y tirándolo sobre la mesa*) Mira, el pasaporte. ¡Dentro de un año regreso con un "Volvaguen" de ésos!

LUIS: (*Que sale de la tasca con dos banquetas*) Éste cree en los perros y en las longanizas.²

SEBAS: (*Sentándose*) ¡Qué perros ni qué leches!³ Si el jornal en marcos lo traduces en rubias y tiras éstas en un bautizo, ¡escalabras a tos los chaveas del barrio!⁴

(*Se sientan. El Sr. Paco acaba de salir con una frasquilla de tinto, que deja encima de la mesa*)

SR. PACO: (*Dirigiéndose al Sebas*) En vino se te van a ir a ti los marcos. Unas docenas de chatos, y te quedas sin el sueño de las cuatro ruedas. Y verás cuando te reglamenten las idas al retrete, yo no puedas liar el cigarrito durante la faena, y . . .

SEBAS: ¿Y qué? ¡El que paga exige!

LOLA: (*Que acaba de salir con una banqueta, sobre la cual apoya un*

---

¹ *salíos pacá* = *sali(d)os para acá*, "come out here". These people would never use *salid* as such, but would prefer the infinitive form, as in *traeros*; but *salíos* is a well-established vulgarism. It must come from *salidos*, as intervocalic *d*'s are frequently lost, while *r* never is.

² *Este cree . . . longanizas*. The reference is to the well-known expression *No creas que allí atan los perros con longaniza*, "Don't believe that they tie up the dogs there with sausages" (= Don't believe in fairy tales).

³ *¡Que perros . . . leches! ¡Qué X ni qué* (*leches, niño muerto, diablos, etc.*)!— a common expression. X refers to what someone else has said, while the last word(s) are one's own choice of colourful phraseology. It is a strong, but not necessarily offensive, negative.

⁴ *Si el jornal . . . del barrio!* This refers to the old custom in Spain of throwing small change about in the street at intervals while taking a baby home after its christening. The *padrino* (godfather) provides the money.

pie, al mismo tiempo que se palmea la frente) Tenemos caletre de esclavos. Nos hemos acostumbrao a medirlo to por lo que cae en el cazo. Pero ¿y el ver cómo se vive por ahí fuera? ¿El observar cómo los demás pueblos se las ventilan? ¿El llevar la pupila atenta? ¿Qué? ¿Eso no es na?

SEBAS: (*Al Lolo, mientras llena los vasos*) Lolo, lo primero un peso suficiente en la cartera, un pequeño bulto, ¿sabes? No es necesario que sea muy gordo. Lo gordo le hace pupa al corazón.[1]

SR. PACO: (*Con guasa*) Pero tú, ¿dónde llevas el corazón?

SEBAS: A la siniestra, amigo; como todos estos.

SR. PACO: Pues cuando llegues a tu cuchitril, échale un vistazo a la americana, y verás que el bolsillo del bulto va a la diestra, chalao, que no sabes por dónde te andas.[2] ¿A que llevas la cartera en el bolsillo del culo?

LUIS: ¡A tal jornal, tal . . .![3]

SEBAS: (*Cortando, y al tabernero*) ¡La llevo donde . . . ! ¡Menos guasa, señor Paco!

SR. PACO: (*Hacia la tasca*) ¡Anda, que cómo tenéis los nervios! De un tiempo a esta parte no aguantáis un pelo.

LUIS: (*Al Sr. Paco, que se mete en la tasca*) Si nos fuera como a usted, que cuando sube el vino sube también el agua . . . [4] (*Risas*)

LOLA: (*Riéndose y dándole un codazo a Luis*) ¡Bien tirao,[5] macho!

---

[1] *Lo gordo . . . corazón.* Here there is a double meaning. A fat wallet in the inside pocket might weigh heavy on the heart, but it can also sour the spirit.

[2] *que no sabes . . . andas,* "you don't know what you are talking about". Sebas forgot that the inside pocket, unlike the heart, is on the right-hand side.

[3] The reference is to the proverb *A tal señor, tal honor,* "To each according to his deserts". A bad wage, which might scornfully be called *una porquería,* deserves no better place than the back trouser pocket.

[4] *Si nos fuera . . . el agua,* "If life was as good to us as to you—when (the price of) wine goes up, so does the (quantity of) water". Luis suggests that Sr. Paco's money problems are easily solved—he only has to water his wine when it becomes expensive.

[5] *¡Bien tirao* (=*tirado*)*!,* "That got him!", "Good shot, mate!"

SEBAS: (*A Juan*) Juanillo, ¿pero qué te pasa?

LOLA: Le ha dao por lo triste.[1]

SEBAS: (*Dándole una palmada a Juan en la espalda*) ¡Ánimo, Juan!

LUIS: (*A Sebas*) ¿Sabes lo que creo que vale un "huevo" en Alemania? Lavar la ropa. Te veo como en la "mili": restregando el puño.[2]

SEBAS: (*A Juan*) Mira: yo cruzo pasao mañana la frontera. En cuanto llegue, echo un vistazo y, rápido, te escribo. Si lo que te cuento es bueno, agarras la maleta. (*A los otros*) Lo mismo os digo a vosotros.

LOLO: Yo no espero ni la carta. Quiero dar un garbeo por el mundo antes de que empiece a arrugarme. A lo mejor tengo suertecilla. ¡Quién sabe!

LUIS: (*Señalando a Juan*) A éste y a mí nos complican la cosa la mujer y los críos. La cuestión vivienda creo que es un hueso. Hay sitios en que duermen como el ganao.

SEBAS: ¡Como que se están yendo por miles![3] Imagínate el problema.

LUIS: Sin la mujer se hace un poco cuesta arriba darse el piro. (*A Juan*) ¿Verdá, tú?

SEBAS: ¡Qué tíos! Dejarlas descansar un poco. Luego las cogeréis con más ganas.

LUIS: No es sólo eso, hombre.

LOLO: (*Pícaro*) Además, las alemanitas . . . (*A Sebas, dándole con el codo*) ¿Eh, chato?

SEBAS: ¡Ya salió el Lolo! No piensas más que en . . . (*Le da a su vez con el codo*)

LOLO: (*Cortando*) Que en comer, Sebas. ¡Que en comer! Y si luego . . .

[1] *Le ha dao* (=*dado*) *por lo triste,* "He's got the blues".
[2] *restregando el puño.* Spanish men only do their own washing when away from their womenfolk, as while doing National Service. Even then, they often send a parcel home.
[3] *Como que* introduces a statement corroborating or illustrating what has been said before. Here it gives the reason for the accommodation problem.

Sebas: (*Con intención*) ¿Y si luego?

Lolo: (*Muy pícaro*) ¡Luego, lueguito! (*Risas. El Lolo exclama, levantándose*) ¡Toguego! ¡Soy toguego!¹ (*Risas. Tararea unos compases del pasodoble "El gato montés" y los baila, marcándolos mucho. A esta escena se le dará mucho aire, mucha viveza desgarrada entre risas. Corta Balbina, asomándose y exclamando*)

Balbina: ¡No escandalicéis!

Lolo: ¿Está usted mala?

Balbina: Yo no. ¡La vida!

Sebas: ¡Bien tirao, señora Balbina! ¡Bien tirao! (*Risas*)

Luis: Vaya un golpe.

Lolo: ¿Un golpe?² (*Yendo hacia Luis, y dándole un puñetazo en el estómago*) ¡Un directo al hígado, macho!

Juan: (*Violento*) ¿Queréis callaros?

Lolo: ¡Anda éste!³ (*A los demás*) ¿Pero qué le pasa?

Luis: ¡No seas chalao, Juan!

Sebas: (*Dándole con la mano en el hombro*) ¡Ánimo, hombre!

Juan: ¿Ánimo? La última marmota que ha llegao del pueblo te suelta que si Londres, que si Ginebra, que si . . . Vamos, ¡que te voltea el mapa como un enterao! (*Levantándose*) Y no hablemos de los demás desheredaos: tos quieren largarse en busca de un estupendo futuro de lavaplatos o de lo que sea. (*Cambiando de tono*) ¿Sabéis dónde está ahora mi mujer? En el Rastro. Anda buscando una camisa blanca. (*Camina un poco sin apartarse mucho de la mesa. Balbina ya no está en su corredor. El Lolo se ha sentado*) Una camisa que, si le piden más de tres duros, no podrá comprar. Suponiendo que la traiga, mañana mismo me la pondré, y limpio de arriba abajo (*señala la ropa tendida en*

---

¹ *toguego* (*torero*). He is playing the imitation bullfighter abroad for effect's sake.

² *Golpe* has a double meaning here: (i) a sally that hits the nail on the head; (ii) a blow.

³ *¡Anda éste!*, like *¡Mira éste!*, means "Look at him!, What's the matter with him?"

la cuerda del solar), ¡ahí está mi traje de luces!,[1] iré a ver al
patrón y le diré que se invente un tajo pa mí, que aguante
el chaparrón conmigo,[2] que no quiero, ¡que yo no quiero
irme! (*Pausa*) ¿Os acordáis de mi primo Antonio?

VOZ DE RICARDO: ¡María, por tu madre! ¡Dame los pantalones! (*Voz balbuciente, de borracho*)

JUAN: Se fue a Ciudad Trujillo y . . .

VOZ DE MARÍA: ¡Te he dicho que están secándose! ¡Y no me
toques! (*Arriba se intensifica la bronca*)

VOZ DE RICARDO: ¡Quiero mis panta . . . lones!

VOZ DE MARÍA: ¡Suéltame o te pego un sartenazo! (*Abajo ríen*)

VOZ DE RICARDO: ¡Chatita, no me seas mala!

VOZ DE MARÍA: Oye, ¡el traje de los domingos ni lo mires!
¡Y no me sobes! ¡Apártate, que apestas!

VOZ DE RICARDO: (*Casi en grito*) ¡Quiero mis panta . . . !
(*Se oye un fuerte golpe y todo queda en silencio*)

LOLO: ¡Que no me caso, ea![3] ¡Que a mí no me sartenea
ninguna gachí!

SEBAS: Tú y yo picaremos, como todos.

VOZ DE MARÍA: ¡Ricardo! . . . ¡Ricardo, vida mía!

SEBAS: Y si no nos dan con la sartén será en perjuicio de las
cacerolas.

MARÍA: (*Saliendo al corredor y exclamando hacia abajo*) ¡Señora
Balbina! ¡Señora Balbina!

LUIS: Ni cacerolas, ni sartenes. Un buen jornalito y na:[4] los
nervios nuevos.

MARÍA: ¡Señora Balbina! ¿Me oye usted?

BALBINA: (*Saliendo a su corredor*) ¿Pero qué le has vuelto a hacer
al Ricardo?

[1] *¡Ahí está . . . luces!* The reference to the bull-fighter's costume suggests
that for what he has to do he needs as much courage as for fighting a bull.

[2] *que aguante el chaparrón conmigo.* Juan has to ask his boss to find him a job
to help him over a bad patch.

[3] *¡Que no me caso, ea! Que . . .* reinforces a statement which is further
stressed by the final *ea*. See note 2, page 32.

[4] *y na* (=*nada*), "and nothing will be the matter".

MARÍA: ¡Suba, suba de prisa!

BALBINA: (*Metiéndose*) ¡Tú enviudas antes de tiempo!

(*María se mete también*)

JUAN: Todas están histéricas. ¡Maldita sea!

SEBAS: (*A Juan*) Te vas a dar el garbeo en balde.

VOZ DE MARÍA: ¡Ricardo! ¡Ricardiño! ¡El traje de los domingos y Valdepeñitas![1] ¡Valdepeñitas embotellao!... ¡Ay, señora Balbina!...

LOLA: (*Dándole con el codo a Luis*) ¡Uy, Valdepeñitas! ¡Ja, ja!

SEBAS: No hay más salida que la que nos ha buscao el Sindicato: viajecito a Alemania.[2]

VOZ DE MARÍA: ¡Que lo he matao! ¡Que lo he matao!

VOZ DE BALBINA: ¡Cálmate, hija! ¡Cálmate!

SEBAS: (*A Juan*) Tú espera mi carta.

VOZ DE BALBINA: No es na. Tráeme agua y un cacho esparadrapo.[3]

SEBAS: (*A Juan*) ¡Y a ver si cambias! ¡Qué tío!

VOZ DE BALBINA: ¿Tienes alcohol?

SEBAS: Se ha acostumbrao a verlo tó negro. Ni que al arcoiris se le hubiera muerto el padre.[4]

JUAN: No estás aclarao, Sebas. Tu frente es de vía estrecha.[5]

---

[1] *¡El traje . . . Valdepeñitas!* María is so anxious that she is willing to give Ricardo anything he wants—even bottled Valdepeñas. (This famous red table wine comes from Valdepeñas, in La Mancha.)

[2] *No hay más . . . Alemania.* At first the *Sindicatos* organized the emigration of labourers to different countries in Europe, mainly West Germany, but their numbers were so great that later severe restrictions were necessary.

[3] *cacho esparadrapo.* For the omission of *de* see note 1, page 29 and note 2, page 40.

[4] Sebas only means that it is absurd for Juan to be so pessimistic.

[5] *Tu frente es de vía estrecha.* Juan is telling Sebas that his vision of life is limited. *Frente* means forehead, while *de vía estrecha* indicates that it is narrow. "Low brows" are widely considered to indicate less intelligence than "high brows" and here we have the root of this figure of speech (metonymy). *Vía estrecha* is not as far-fetched as it may seem. Narrow-gauge tracks are common in Spain and so is the metaphorical use of the expression. But Sebas uses this to hit back saying that at least there is some movement there. Juan, however, has the last word in his next comment—"What good has it done you?"

SEBAS: Pero con vagonetas circulando.

JUAN: Y tú ni enterarte.

LOLO: Estamos secos. (*Voceando*) ¡Eh, señor Paco! ¡Otra frasquilla de morapio!

SEBAS: Mira, Juan, quiero a la Maruja. Hace diez años que nos hubiéramos casao; pero, ¿con qué . . . ? Estoy cerca de los cuarenta, y ella . . . ¡con canas! Cuando nos garbeamos juntos y pasa por nuestro lao algún guayabo de los de hoy, se me empieza a ir la vista. Y esto, yendo por lo hondo, no me gusta, y menos la mirá de resignación que, a veces, le enturbia los ojos a la Maruja. Además, últimamente nos hemos descuidao y está . . .

LOLO: (*Intencionadamente*) ¡Tururú!

SEBAS: (*Continuando*) Preñá. Y si me doy el piro de aquí es por arreglar las cosas. A bastantes hemos desgraciao ya en el barrio[1] y no quiero que la Maruja sea un caso más. ¿Está claro?

JUAN: Somos unos tipos tristes, Sebas.

LOLO: ¡Pues alejemos la tristeza, que no es sana! (*Levantándose y voceando hacia la tasca*) ¡Chaval! ¡A ver esas cortezas de gorrino, que hay gazuza! (*A Luis*) ¡Échate un cante,[2] tú! ¡No dejes que estos dos groseros nos estropicien la velá!

TÍO MARAVILLAS: (*Pregón. Voz dentro*) ¡Globitos de colores!

LOLO: (*Al Luis*) Escucha. (*Canta*) Que del fraile me voy a la fraulien.[3]

TÍO MARAVILLAS: (*Voz dentro*) ¡Pal nene! ¡Pa la nena!

LOLO: Que a Alemania, muchachos, me voy.

TÍO MARAVILLAS: (*Voz dentro*) ¡Pal filósofo también!

LOLO: Y en el barrio me dejo to el hambre, la gazuza que pasando estoy.

(*Hace palmas*)

---

[1] *A bastantes . . . barrio,* "There are enough girls in trouble around here already".

[2] *¡Échate un cante!,* "Give us a song!"

[3] *Que del fraile . . . fraulien.* A pun. "From the priests to the fräuleins."

(Sale el chaval de la tasca con un plato lleno de cortezas de gorrino)

LOLO: ¡Olé! ¡Olé! ¡Vivan las cortezas de gorrino! Y que nadie se arrasque que no va con segundas. ¡Hala, darle al diente y olvidar la vigilia![1]

(Coge las cortezas de gorrino y las deja sobre la mesa. El chavel se mete de nuevo en la tasca. Por el fondo entra el tío Maravillas con su manojo de globos)

TÍO MARAVILLAS: *(Pregonando)* ¡Globitos! ¡Fabricaos con materia prima nacional!

LOLO: ¡Hola, Tío Maravillas!

TÍO MARAVILLAS: A los buenos días, señores.

LOLO: *(Hacia dentro)* Chaval: otra banqueta pal Tío Maravillas.

SEBAS: *(Levantándose)* Siéntese un ratejo con nosotros, ¿hace?

TÍO MARAVILLAS: *(Sentándose)* Se agradece.

LUIS: Qué, ¿cómo va el negocio?

TÍO MARAVILLAS: De globo caído[2] hijo. Los papás y las mamás han cerrao el calcetín[3] y no hay tomate que me salve.

LOLO: *(Se levanta y se acerca el Tío Maravillas)* Ahogue penas, amigo. Y ahora mismo le merco a usté cuatro globitos pal cónclave éste, que está mustio. Venga, atícese el lingotazo y a despachar, que ha entrao en la tienda un tío forrao de ilusiones.[4]

(El Sebas coge la banqueta que trae el chaval y se sienta nuevamente. El chaval vuelve a la tasca)

[1] *Y que nadie . . . vigilia,* "And keep your shirt on. There's no double meaning. Dive in, no fasting today."

[2] *De globo caído.* This is a twist on the usual expression *de capa caída,* "dismal", "falling off", "going downhill".

[3] *han cerrao (=cerrado) el calcetín.* At one time in Spain people are supposed to have kept their savings in socks, much as English people are thought to have used old teapots or put their wealth under the mattress. All Tío Maravillas means is that the parents aren't spending any money.

[4] *forrao (=forrado) de ilusiones.* The usual expression is *forrado de millones,* "rolling in money" (see first line on page 30). Lolo is referring to himself.

Tío Maravillas: (*Al Lolo*) Unos cuantos clientes como tú y me doy al capitalismo, chato. Ahí va: el primer globito.

Lolo: (*Lo coge y se lo da al Luis*) A la solapa, Luis.

Luis: Mis chaveas se van a alegrar. (*Se lo coloca en el ojal de la solapa*)

Tío Maravillas: (*Dándole el segundo globo al Lolo*) Sol de España, sol de España en gotas.

Lolo: (*Dándole el segundo globo al Sebas*) Ahí va, Sebas. Tié el mismo tamaño que tu cabeza. (*Cogiendo el tercer globo y ofreciéndoselo al Juan*) Toma, Juanillo.

Juan: (*Molesto*) ¡No estoy pa globos!

Tío Maravillas: Cógelo, amigo. Es un trocito de infancia.

(*Por la puerta de la casa de los corredores hace su aparición el Ricardo. Avanza hacia la mesa, estirado y vestido de domingo. Un buen trozo de esparadrapo le cruza una de las sienes. (Este personaje no tiene nada que ver con el "chuleta" de sainete costumbrista.) Lolo, al verlo, va a su encuentro con el globo que no ha querido Juan. Se lo coloca en la solapa y exclama*)

Lolo: ¡Oh, Ricardito! ¡Espejo y flor de maridos mártires![1] En nombre de los sujetos al yugo del histerismo, te condecoro con . . . con . . . (*a los de la mesa*) ¡Echarme un cable, que me he atascao!

Tío Maravillas: (*Solemne*) ¡Con el gran globo de la ilusión!

Lolo: (*Yendo hacia la mesa*) ¡Mucho, cartucho![2] Ampliar el corro. (*María se asoma al segundo corredor*)

María: Ricardo, no bebas. ¡No te me emborraches otra vez!

Ricardo: ¡No te preocupes, que sólo me queda una sien!

María: Dentro de un ratito puedes venir a comer.

Sebas: ¿A comer? (*Mirándose el reloj*) ¡Pero si son . . . !
(*Levantándose*) Salgo arreando. Le prometí a la vieja . . .

Lolo: ¿Te las das? Aguarda un poco y te acompaño.

---

[1] *¡Espejo y flor de maridos mártires!* This ironical exclamation takes its form from the titles of books on saints and heroes, e.g. *espejo y flor de las virtudes cristianas.*

[2] *¡Mucho, cartucho!* A nonsense rhyme meaning "Bravo!"

SEBAS: Ni hablar, Lolo. Le he . . .

LOLO: Bueno, bueno; me voy contigo. (*Voceando hacia la tasca*) ¡Señor Paco! ¡A ver qué se le debe! (*Al Tío Maravillas*) ¿Qué son los cuatro globos? Y deme el mío, ande. (*Lo coge y se lo pone*)

SEBAS: (*Al Lolo*) Si tú pagas los globos, yo pago la frasquilla. (*Al tabernero, que sale de la tasca*) Cóbrese, señor Paco.

TÍO MARAVILLAS: (*Al Lolo*) Pa ti, cuatro rubias. (*Coge un duro y devuelve una peseta*)

RICARDO: ¿Es que huelo mal?

SEBAS: Oye, no; es que me tengo que ir. Date cuenta que me largo pasao mañana. (*Se guarda la vuelta que le da el señor Paco*)

RICARDO: (*Sentándose*) ¡Aire! ¡Aire![1]

SEBAS: ¡Todavía nos veremos, chalao!

LOLO: (*Uniéndose al Sebas*) Hasta lueguito, amigos.

SEBAS: Adiós, Juan.

LUIS: (*Bebiéndose lo que queda en su vaso*) Me voy con vosotros.

RICARDO: Na: ¡la desbandá!

LOLO: (*Acercándose, guasón, a Ricardo*) Hasta más ver, Ricardito. ¡Valdepeñitas embotellao! ¡Vida mía!

(*Sale corriendo hacia el fondo de la calle ante la indignada reacción de Ricardo, que, agarrando amenazador su banqueta, se ha puesto en pie. Sebas y Luis, riéndose también, se unen a él y desaparecen por el fondo. Por encima de ellos destacan los tres globos. El tabernero recoge los vasos que sobran y los mete. Mientras realiza esto, Juan, el Tío Maravillas y Ricardo, con su globo, no han cesado de dialogar*)

TÍO MARAVILLAS: (*A Ricardo*) ¿Quién te ha accidentao? ¿Sigue la luna de miel?

JUAN: (*A Ricardo*) ¿Cómo va lo tuyo?

---

[1] *¡Aire!* This word means "wind" or "draught", and is often used when people suddenly go out (or are asked to get a move on). It is their movement, of course, that produces the *aire*.

RICARDO: Sin apaño ya. El maestro ha tirao las llaves del taller a la calle por si pasa algún jabato que las coja.[1] ¡La ruina, Juan! Por quien más lo siento es por la María, que está desatá y no hay santo que la soporte. De noche, cuando logra dormirse, le brinca el cuerpo; le pega sacudidas eléctricas. Y eso me pasa a mí a veces. Na: que tenemos los nervios cabreaos.[2] Así te explicas que la columna de sucesos . . . (*Se corta y señala al Tío Maravillas*) Mira al gachó este: se ha dormido como un niño. (*Alarga el brazo como para despertarle. Juan se lo impide*)

JUAN: Déjalo, no lo despiertes. Se pasa las noches en vela. Está de guarda ahí abajo, en unas obras al lao del Manzanares.

RICARDO: Es un tipo raro, ¿no?

JUAN: Todos somos un poco raros aquí. Éste tuvo un tiempo bueno: mujer, hijos. ¿Te acuerdas del Pacorro, el del pecé?[3]

RICARDO: ¿El que palmó en la montaña?[4]

JUAN: El mismo. Era hijo de éste. También tuvo una hija, la Pili, que se casó con José el falangista. Andan por América. Su mujer está tullida, tié no sé qué de la columna. No gana pa medicamentos.

(*Por el fondo de la calle aparece Lola, la mujer de Juan. Viene con un paquete pequeño*)

LOLA: Juan, cuando quieras comemos.

JUAN: (*Levantándose*) Ya.

LOLA: (*A Ricardo*) Pero, chico, ¿qué te ha pasao?

RICARDO: Exceso de cariño, Lolilla.

LOLA: ¡Pobre María! ¿Qué le has hecho? ¡No tenéis des-

---

[1] *El maestro . . . las coja.* Ricardo says his boss knows the situation is impossible and has thrown the workshop keys on the ground as a challenge to see if anyone is brave enough to take over. This image gives a very clear picture of his desperation.

[2] *tenemos los nervios cabreaos* (=*cabreados*), "our nerves are ruined".

[3] *pe-cé* = P.C. = *Partido Comunista*.

[4] *¿El que palmó en la montaña?* Guerrilla warfare in the mountains continued in Spain long after the end of the Civil War.

perdicio!¹ ¡Sigue así, condenao, sigue así y verás qué gusto
te va a dar cuando la veas en Ciempozuelos!² (*A Juan*)
Hala, vamos pa dentro. (*Otra vez a Ricardo*) Y tú, ¿qué?
¿Ahí hasta que llenes el pellejo?

RICARDO: Y tú con la escopeta cargá,³ como siempre. (*Quitándose el globo del ojal de la solapa y dándoselo*) Toma: un
regalo pal Agustinillo. ¡Y me voy también, aguafiestas!
(*Se levanta*)

LOLA: (*Señalando al Tío Maravillas*) Y ése, por no perder la
costumbre, con su sueño a cuestas.⁴ (*Siguiendo a Juan, que
acaba de entrar en la chabola*) ¡Perra vida!
(*El Tío Maravillas, con su manojo de globos, queda definitivamente dormido sobre la mesa. Ricardo entra en la casa de los
corredores.*)

LOLA: (*Entrando en la chabola*) Ya estoy de vuelta, madre. (*A
Lolita*) ¿Y el Agustinillo? ¡Hala! ¡Arrea a buscarle!
(*Lolita sale y se va hacia el fondo de la calle. Lola deja el globo
sujeto encima de la mesa, que está puesta para comer. La punta
del cordón del globo quedará sujeta por un vaso, de modo que el
globo quede en el aire.*) ¡Vengo asqueá! (*Desenvuelve el
paquete y muestra una camisa blanca sin cuello y faltándole un trozo
de la parte trasera del faldón*) ¡Esta miseria catorce pesetas!

LOLITA: (*Perdiéndose por el fondo izquierda*) ¡Agustinillo!

ABUELA: ¡Qué tiempos!

LOLA: (*A Juan*) Anda, ven acá, voy a probártela. (*Juan se
quita la camisa de color que lleva y se prueba la que ha traído
Lola.*) He pensado en el cuello que tié usté⁵ en el armario.

---

¹ *¡No tenéis desperdicio!*, "You (men) are the end!"
² *Ciempozuelos* is a village, not far from Madrid, where there is a well-
known lunatic asylum.
³ *Y tú con la escopeta cargá* (=*cargada*), "You're ready and waiting to say
something nasty".
⁴ *Y ése . . . a cuestas*, "And there's him, just so as to keep in practice, dead
asleep".
⁵ A generation or so ago children addressed their parents as *usted* as a
sign of respect. The custom still survives to a certain extent in country
districts and among the lower classes.

(*La abuela va a por el cuello*) Y esto de atrás (*señala al trozo que falta*), como no se ve, con cualquier trapo se completa. (*La abuela trae el cuello duro. Lola lo coge. A Juan*) Siéntate. (*Juan se sienta*) ¡Ponte tieso!   ~Sit up straight~

(*Empieza a oirse un pasodoble. Juan se "atiesa", adquiriendo una postura rígida. Lola le coloca el cuello duro y, acompañada por la abuela, se apartan un poco para contemplarle. Entonces el globo se suelta y sube, lento. Los tres miran cómo se pierde en el espacio mientras cae el telón*)

ACTO SEGUNDO

El mismo decorado. Al levantarse el telón, anochece. En escena, sola y planchando la arreglada camisa de Juan, está Lola. Las planchas son de hierro: planchas de fogón. Éste se ve encendido. La habitación de la chabola está iluminada por la bombilla. La calle está en semipenumbra, como esperando que se encienda el farol. Éste es de los adosados a la pared.

Fuera se oyen voces.

Luis: ¡Échala, Lolo! ¡Centra!
   (*Lolo, que ha entrado en escena por el fondo izquierda detrás de un balón de papel, le da una patada a éste y lo lanza hacia el sitio por donde ha entrado al mismo tiempo que exclama*)
Lolo: ¡Ahí te va! ¡Ponlo en órbita! (*Pausa*) ¡Vaya chut! (*Al Luis, que aparece en plan deportista[1] por el mismo lateral*) ¡Gol, macho! (*Le da un abrazo y avanzan juntos hacia el centro*) Debías hacer como las gachís del cine: asegurarte las piernas. ¡Ese derechazo no lo mejora el "Di"![2]
Luis: Menos guasa, Lolo.
Lolo: ¿Fuiste al Bernabéu el domingo? Chico, ¡hicieron un gol el "Di" y el Gento . . . ! Se estaba acabando el partido y el marcador a cero. De pronto el Gento echa un vistazo a la presidencia y ve que don Santi le hace una

---

[1] *en plan deportista*, "comes out acting like a footballer". Compare *salen en plan de novios*, "they are going seriously".

[2] *el "Di"*. This is another reference to Di Stéfano (see note 1, page 35). Gento is another famous player of Real Madrid. Their home ground was formerly called *Estadio de Chamartín* but was renamed after its president don Santiago Bernabéu, here referred to by Lolo as *don Santi*.

seña con un pañuelo blanco.[1] Así, oye. (*Saca un pañuelo no muy blanco e imita la seña*)

LUIS: ¿No dices que con un pañuello banco?

LOLO: ¡Escucha o pito el final del encuentro! Como te decía: señita de don Santi. El Gento la guipa, agarra el balón, coge la vespa[2] y se embala por el verde. Sortea a cinco o seis desgraciaos del equipo víctima y, ya cerca de los palos, se saca la bandeja de plata y le sirve el esférico al "Di".[3] Lo demás te lo imaginas, ¿no?

LUIS: ¡De maravilla, macho!

LOLO: Mientras tanto, el portero, como las vacas suizas: llenándose las ubres de verde.[4]

LUIS: ¡Es mucho "Di" el "Di"[5] !Yo lo haría concejal.

(*Ricardo sale de la tasca tambaleante, muy bebido*)

LOLO: (*Refiriéndose a Ricardo*) Oye, ¿no hueles a pescao?[6]

LUIS: A pescao del caro, tú. (*Risas*)

LOLO: (*Dándole un cachetito al Ricardo*) ¡A ver un tapón para éste, que se le sale el mosto! (*Se mete en la tasca*)

LUIS: (*Metiéndose también en la tasca*) ¡Vaya una toña!

(*María sale al corredor*)

MARÍA: (*A Ricardo*) ¿Pero otra vez así? ¡Sube, sube ahora mismo! (*Ricardo se mete nuevamente en la tasca. María, entrando en su casa*) ¡Mal rayo te parta![7]

(*Por el fondo de la calle, y cogidos de la mano, aparecen Lolita y Nacho. Éste viene explicando*)

[1] *y ve que . . . blanco.* The waving handkerchief means that don Santiago is offering a sum of money for a win.

[2] *coge la vespa,* "begins to run as fast as a 'Vespa' (scooter)".

[3] *se saca . . . al "Di",* "hands the leather on a plate to Di".

[4] *Mientras . . . verde,* "his belly flat on the turf".

[5] *¡Es mucho "Di" el "Di"!* Usually one hears statements like *¡Es mucho niño ese Jaimito!,* "That Jimmy is a real handful of a boy!" Di Stéfano is so well known and admired that he can only be compared with himself.

[6] *¿no hueles a pescao* (=*pescado*)? "do you smell fish?" Another reference to *merluza* (see note 2, page 34), further underlined by *del caro* = (fish) the expensive sort".

[7] *¡Mal rayo te parta!,* "Blast you."

NACHO: ¡Que te digo que está tirao, Lolita! ¿Pero no te das cuenta que el marido de mi tía es profesor del Instituto Laboral?[1] Me hago especialista tornero y salgo por la puerta grande.[2] (*Enlazándola*) A los seis meses, envío desde Alemania un tren especial pa que te recoja. Y allí nos casamos.

LOLITA: ¿Hay curas en Alemania?

NACHO: ¡Alguno habrá, chatilla! Ya estoy deseando que me des el "ja".

LOLITA: ¿El "ja"?

NACHO: El "sí", tonta. "Ja" es "sí" en alemán. (*Solemne*) ¡Lolita Martínez!, ¿quié usté a Nacho Fernández por compañerito de toa la existencia?

LOLITA: (*Solemne también*) ¡"Ja"! (*Se echan a reir los dos*)

NACHO: Con los primeros cuartos que te envíe, te vas a Galerías Preciados y te equipas. Cuando tú aparezcas por allá, a los alemanotes tié que caérseles la baba en la cerveza. ¡Que ninguna fraulien pueda compararse con la señora gachí del especialista tornero! (*Ríen*)

LOLITA: Y lo del Instituto ése, ¿crees que vas a conseguirlo? ¿Tú sabes de cuentas? ¿Sumar, restar y to eso?

NACHO: (*Cogiéndole la nariz*) Domino todos los dedos, chatilla.

LOLITA: Oye, en el "Albarrán" echan una película alemana. Quiero que me lleves. (*Soñadora*) ¡Se verán casas! Me gustaría tener una en un valle muy verde y al lao de un río claro; que se vieran las piedras blancas del fondo. (*Ilusionada*) ¡Debe ser bonito vivir bien!

NACHO: Cuando hablas de estas cosas se te arruga la naricilla ¡y me dan ganas de darte un bocao! (*Intenta besarla*)

LOLITA: (*Defendiéndose*) ¡Va a salir mi madre, Nacho!

---

[1] *Instituto Laboral*. The nearest equivalent in England is the Secondary Technical School.

[2] *salgo por la puerta grande*. This refers once more to the bullfight. The *torero* is carried out through the main gate of the ring after a particularly successful *corrida*. Nacho is certain of his success.

NACHO: ¡Que me voy a Alemania, chatilla! ¿No quieres despedirte?

LOLITA: ¡Estate quieto!

(*Nuevamente, sale Ricardo de la tasca*)

NACHO: (*Insistiendo*) ¡Dame el morrito!

LOLITA: (*Forcejeando*) ¡Nos están viendo!

NACHO: (*Descubre al Ricardo, y señalándole, exclama*) ¡Andá, si es el inclinao![1] (*Acercándose a él y dándole, guasón, un cachecito en el cuello*) ¡De artesanía[2] es la cogorza!

RICARDO: (*Intentando "sacudirle"*) ¿A que te arreo una chufa?

NACHO: Serán dos. ¿O no me guipas duplicao?[3]

(*Lolita ha descolgado de la cuerda la ropa tendida en el primer acto. Con ella en las manos, aprovecha un descuido de Nacho y le da un precipitado beso. Luego, muy rápida, se mete en la chabola. Nacho da una zapateta en el aire, y con un grito de júbilo, "¡Yupiiii!", sale corriendo por el fondo de la calle. Ricardo, tambaleante, grita a su vez de la misma forma que Nacho y, acto seguido, intenta dar otra zapateta y pierde el equilibrio, yendo de lado a caer dentro de la tasca. Se oyen risas. En la chabola:*)

LOLA: ¿Está seca?

LOLITA: (*Que ha dejado la ropa encima de la cama*) Está buena pa la plancha.

LOLA: Mira a ver cuántas arenques hay. ¿De dónde vienes?

LOLITA: (*Abriendo una pequeña alacena, saca un plato con sardinas arenques*) He estado con Rosita. Hay doce arenques, madre. (*Deja el plato donde estaba y cierra la alacena*)

LOLA: No me gusta que salgas con Nacho. Tú no estás pa novios toavía.

---

[1] *el inclinao* (=*inclinado*). As Ricardo is always drunk he can never stand up straight.

[2] *De artesanía. Artesanía* means craftsmanship and usually refers to small, delicate things. *De artesanía* is used in more general terms to denote something well made or well done and, in this case, thorough.

[3] *Serán . . . duplicao* (=*duplicado*)?, "That'll be two. Aren't you seeing double?"

LOLITA: Pero, madre, ¡si no . . . !

LOLA: ¡Lo dicho![1] Anda (*echándole unos calcetines*), zúrcele los calcetines a tu padre. (*Termina de planchar la camisa y la deja sobre una silla. Se dispone a planchar los pantalones*)

LOLITA: (*Se sienta. Ha cogido una caja de costura. Hilvana una aguja, disponiéndose a zurcir los calcetines*) Nacho quiere irse a Alemania, a trabajar y a ganar mucho dinero.

LOLA: Tós queremos irnos a alguna parte. Tós menos el estúpido de tu padre, que no sé qué espera. "Juan, hay que tomar una decisión. No podemos seguir así." "Espera, Lola; espera." Y siempre igual: espera, espera. (*Va al fogón y cambia la plancha. Regresa*)

LOLITA: ¿Hablaste con la señora Balbina?

LOLA: ¿A qué viene eso?

LOLITA: Preguntó por ti. Se me había olvidao decírtelo.

LOLA: (*Después de una breve pausa*) Ni con Nacho ni con ningún muerto de hambre del barrio, ¿me oyes?

LOLITA: (*Tímidamente*) Nacho es bueno.

LOLA: Y tu padre, ¿qué? ¿Es un ogro? Tós son lo que tú quieras: buenos, generosos, trabajadores. ¿Y qué? . . . Mira, hija, cuando me casé con tu padre, vinimos a vivir "provisionalmente" a esta chabola. En ella naciste tú y el Agustinillo. Y seguimos aguantando. Era "provisionalmente". ¿Tú sabes lo que es ver llorar a un hombre? Yo he visto llorar a tu padre, ¡lágrimas como puños, hija! Y a solas, cuando creía que nadie le veía. Pero pronto le renacía el ánimo, porque la cosa era "provisionalmente". Las goteras, los días sin carbón, los remiendos, el contener el aliento cuando suenan en la puerta los golpes del cobrador de la luz, o el de los plazos, o las papeletas del Monte que cumplen,[2] tó, tó era "provisionalmente". Y hasta vuestras enfermedades—tú estuviste a punto de

---

[1] *¡Lo dicho!*, "Mark my words!"

[2] *las papeletas del Monte que cumplen*, "or the money due on the pawn shop tickets". The *Monte de Piedad* is an organization similar to the pawn shop.

palabra muy literaria —no del pueblo

dejarnos, hija—llegaron a parecernos lo mismo. Y estoy harta: hartá de sufrir, harta de amar, harta de vivir "provisionalmente". (*Pausa*) El tres de agosto de mil novecientos cuarenta y cuatro nos casamos tu padre y yo. Estamos en septiembre del sesenta. Han pasao dieciséis años. Demasiaos, hija. Y los mejores. En ellos se ha quedao toa nuestra juventud. ¡No, no salgas con Nacho!

LOLITA: ¿Qué culpa tié padre, o Nacho?

LOLA: Nadie dice que . . . ¡No es eso, hija! ¡No es eso¡ Es el fracaso, es el ver al hombre que quieres . . . (*Señalando la camisa*) Mira esa camisa. ¡Contémplala! Es la historia de tu casa.

(*De la tasca salen el Lolo y el Luis*)

LOLO: (*Explicando*) El Eusebio, el de la pescadería, ¿sabes cuántos? . . . [1] ¡Doce! No le ha tocao ná, claro; pero . . . ¿te imaginas un boleto con dos aciertos más? Ni Alemania, ni ná. ¡En los Madriles afincao pa toa la vida! . . . (*Caminando hacia el fondo*) Nueve es a lo más que he llegao yo.

LUIS: Pues yo, once.

LOLO: ¿Quién, tú?

LUIS: Como lo oyes: ¡once!

LOLO: Oye (*se paran*), ¿nos asociamos?

LUIS: Y mi mujer, diez.

LOLO: ¿Y tú piensas irte? ¡Quédate aquí, chalao! ¡Tu destino está en las quinielas! ¡Once y diez! ¿Pero tú te has dao cuenta?

LUIS: Eso es lo normal, hombre.

LOLO: ¿Lo normal? ¿No irás a decirme que to el país está a punto de que le toquen las quinielas?

---

[1] *¿sabes cuántos* (*i.e. aciertos*)? They are talking about the football pools. Eusebio has got twelve right out of fourteen, which is the maximum. Only the top two count for the division of the prize money, so the 12's win nothing unless there are no 14's. Lolo says that with 14, that is, winning the pools, he would stay in Madrid for the rest of his life.

Luis: Con esa ilusión vive.

Lolo: Entonces yo soy un puñetero desgraciao: ¡un nueve![1] (*Caminando hacia el fondo izquierda, por el que salen*) Claro que conozco a un tío que debe tener la ilusión a punto de palmar: ¡Es un tres!

Lola: Nos han fallao demasiadas cosas. Mira, nena (*deja de planchar*), tu padre no va a conseguir nada; el momento es muy malo. Lo de la camisa es nuestro último intento. Y también fallará. No hay más que ir a la estación del Norte o a la de Atocha[2] pa darse cuenta. ¿Cuántos de los que se van no se habrán puesto su mejor ropa, su mejor camisa antes de decidirse? ¿Cuántas antesalas pa ná? ¡No sabes con qué dolor, hija, quiero que tu padre pase por lo mismo! Y si algún día decide también marcharse, que nunca, ante sí mismo, o ante los demás, pueda reprocharse, o acusarse de . . .[3] Pero no se irá; a tu padre le tira demasiado la tierra.[4] Me iré yo. Seis meses, un año; hasta que él salga de las chapuzas y vuelva a encontrar algo fijo. Tú le cuidarás, y también al Agustinillo. (*Reanuda el planchado, no sin antes cambiar la plancha por la del fogón*) La abuela te echará una mano. (*Pausa*) ¿Te gustaría ir a una buena academia y aprender el corte?

Lolita: Si se va Nacho, madre, yo . . .

Lola: ¡Tú eres tonta! (*Acaba de planchar el pantalón y lo deja al lado de la camisa. Coge los calzoncillos y sigue planchando. Lolilla termina de zurcir un calcetín y lo echa encima de la cama. Sigue zurciendo el otro. El diálogo no ha cesado*) En cuanto se vea con unas perras en el bolsillo, se olvidará de ti. Y aspirará a la hija del barbero, o a alguna como la

---

[1] *un nueve* and later *Es un tres* is a classification of people according to their score in the pools.

[2] *la estación del Norte* and *la (estación) de Atocha* are the two main railway stations in Madrid.

[3] *acusarse de . . . No haber hecho todo lo posible* is understood.

[4] *le tira demasiado la tierra*, "the pull of his own country is too strong".

Merche, la de la ferretería.[1] Además, es un crío. Tié tiempo por delante pa juguetear con unas cuantas y luego olvidarlas.

LOLITA: (*Dolida*) Madre . . .

LOLA: (*Cortando, enérgica*) ¡Ea, que eres muy niña! ¡Que no quiero que salgas ni con él ni con nadie! (*Pausa*) Aprenderás corte y confección, y cuando te sientas alguien,[2] entonces . . . ¡No quiero más víctimas en mi familia! Hay que aspirar, hija, a una casa con ventanas amplias, donde el sol y el aire se encuentren a gusto, donde el agua corra, donde cada cual tenga su cama pa poder darle un repaso al día vivido. Y una mesa, con dos o tres sillas de más pa la convivencia. Una casa que no te aprisione, que no te reduzca el cerebro. ¡Un hogar, nena! (*Pausa*) Ayer, cuando estuvimos lavando en casa del señor Sánchez, ¿te fijaste? Tó lo que he dicho y más había allí. ¿Y la habitación de los niños? Existe, hija, tó eso existe. Y el señor Sánchez no era ningún privilegiao. ¡Era un cualquiera![3] (*Por la puerta de la casa de los corredores sale ahora la Sra. Balbina. Avanza hacia la chabola.*) Montarás un taller. Empezarás con una o dos apprendizas, y entre todos lograremos que el Agustinillo . . .

(*Entra la Sra. Balbina*)

BALBINA: Arreglao,[4] Lola.

LOLA: ¿Ha escrito ya? (*Deja la plancha*)

BALBINA: A la María. Se ha colocao en un bar, en la cocina. (*Risueña*) Cuenta que al ver la despensa se echó a llorar. ¡La pobre desgraciá! Bueno, al grano. (*Se sienta*) ¿Has hablao con el Juan? (*Cortándose y señalando a Lolita*) Oye, y ésta, ¿qué?

---

[1] *la de la ferretería. Chica* or *muchacha* is understood. See note 3, page 33, and note 3, page 38.

[2] *cuando te sientas alguien,* "when you feel you are somebody".

[3] *un cualquiera,* "an ordinary person". Contempt is sometimes implied by this expression, but not here.

[4] *arreglao* (=*arreglado*), "all fixed up".

LOLA: No se preocupe, está enterá.

BALBINA: ¿Qué te ha dicho el Juan?

LOLA: Todavía no sabe ná. No es momento aún pa decírselo Pero a mí no me para ya nadie. ¡A la fuerza ahorcan![1]

BALBINA: Tiés que arreglarte el pasaporte. Con tó y el billete te andará la cosa alrededor de las mil quinientas.[2] ¿Las tienes?

LOLA: (*Se ríe un poco, nerviosamente*) No, no las tengo. (*Extraña*) Mi madre, el calcetín amarillo, sus ahorros pa la muerte . . . (*Vuelve a reir igual. Ligera pausa*) Hablaré con ella. De todos modos, no creo que tenga tanto. Venderé el aimario, no sé. ¡Si pudiera irme embalá y a porte debido![3] (*Ríe de nuevo, nerviosamente*)

BALBINA: No te rías así, mujer. Ya veremos el modo de arreglarlo. Irás a casa de un español casao con una de allá.

LOLA: (*Con gesto de preocupación*) ¿De un español?

BALBINA: De uno que lleva muchos años en el extranjero. No te preocupes, ése ya está aireao.[4] No vais a regatear. Y menuda ventaja es que entres con el idioma de la casa.

LOLA: Estoy muy desengañá. Preferiría servir en otro sitio más acostumbrao a . . . no sé, más hecho al dinero, más hecho a considerar que el que trabaja . . .[5] (*Termina de planchar el calzoncillo y lo mete en el armario. Retira la plancha de la mesa. Luego, cogiendo la camisa, la guarda también. Saca una percha y cuelga el pantalón, que también mete en el armario. Hace*

---

[1] *¡A la fuerza ahorcan!*, "Needs must when the Devil drives".

[2] *Con tó* (=*todo*) . . . *quinientas*, "The whole thing (including the fare) will work out to about 1500 pesetas".

[3] *a porte debido*, "c.o.d."

[4] *aireao* (=*aireado*), "he's no close-fist", the implication being that he has travelled about and will not refuse her a proper payment.

[5] *que el que trabaja . . . Merece justa retribución* is understood.

lo mismo con la manta de planchar, etc. Todo vuelve a su sitio. Durante este trajín, el diálogo no ha cesado)

BALBINA: Pero mujer, tú vete ahí, y si ves que no te conviene, te largas. Por esos países las criás españolas están muy solicitás. *(Por el lateral izquierdo entra la abuela)* Tenemos cartel, Lola. ¡Como los toreros!

ABUELA: *(Entrando)* Hola, Balbina.

BALBINA: Hola, abuela. *(Riéndose)* Qué, ¿de la cita?

ABUELA: *(A Lolita)* Déjame el sitio, nena. *(Lolita se sienta en otra silla. La abuela, que viene fatigada, lo hace en el asiento que le acaba de dejar Lolita. A Balbina)* Pa citas estoy yo. El último mocito que me echó una mirá fetén es hoy un carcamal.[1] *(Dádole un cachete en el muslo)* Eso tú, que todavía tiés las nalgas azotables.

BALBINA: *(Indicando a Lolita)* ¡Abuela! ¡La niña! *(El tono grave de la exclamación es cómico)*

ABUELA: No he dicho ná del otro mundo. Además, ésa sabe ya más que tú y que yo. El cine las está estropeando.

LOLA: Señora Balbina, explíquele a mi madre . . .

ABUELA: *(Cortando)* ¿Que te vas? Es muy pequeña la casa y el barrio. Aquí to se sabe.

LOLA: Madre, no se lo había dicho antes porque . . .

ABUELA: Sí, por no alargarme el disgusto. ¿Soy muy vieja, eh? ¡Vete, hija! ¡Vete! ¡No sé cómo no te has decidío antes!

BALBINA: *(Intencionadamente)* ¡Y yo que creí que era más caro el viaje! ¿Sabe qué cuesta, abuela? ¡Mil quinientas, ná más! *(La abuela le da la espalda al oir la cantidad)* Pero lo increíble es que en esa cantidad van incluidos los gastos del pasaporte. ¡Y hasta se puede tomar unos huevos con jamón en el coche restorán, si se le antojan! ¡Un viaje

---

[1] *El último . . . carcamal.* Balbina jokingly asks the grandmother if she has had a date—but her last admirer is now an old dodderer. The use of *fetén* is often similar to that of "fab.".

tirao! Mi hermana, Sebastiana, ¡que en gloria esté[1] la
pobre!, tenía sus ahorrillos metidos en un calcetín. ¡Pa la
caja de pino!, decía. Vino la guerra, y un obús la dejó
definitivamente arrugá al final de Usera.[2] ¿Y sabe qué
pasó con el calcetín, abuela? Pues si usted no lo sabe, yo
tampoco. ¡Anda y que no da sorpresas la vida![3] Y no
digamos ahora, con tó ese lío de la atómica, la hache[4] y
demás pildoritas. ¡Ni absolución, ni responso, ni caja de
pino, ni ná! ¡Volatilizaos! ¡Polvitos al éter![5] (*Exclamando,
definitiva*) ¡Como pa ahorrar, vamos! (*Se levanta*) Bueno,
hasta luego. Cuidao, niña: ¡No vayas a zurcir también el
calcetín por donde se mete el pie! (*Poniendo una mano sobre
el hombro de la abuela*) No será necesario, ¿verdad?[6] (*Balbina
le hace señas a Lola, indicándole que insista. Se va exclamando*)
¡En el extranjero te vas a forrar,[7] Lola! ¡Qué suerte la
de usté, abuela, que tié todavía una hija joven! (*Repite
las señas a Lola, y se va, calle adelante, hasta entrar en su
casa*)

ABUELA: (*Se desabrocha la pechera. Luego se saca el calcetín amarillo.
Todo calmosamente. Vuelca el contenido del calcetín sobre la
mesa. Lola, en silencio, la contempla. Igual Lolita. Durante un
instante las tres miran el montoncito de billetes y alguna moneda.
Al fin, la abuela exclama*) ¡Mil trescientas catorce con una
moneda de dos reales!

LOLA: (*Muy emocionada*) Gracias, madre. Gracias, mamá.
(*Dentro de la tasca se oye la voz de Ricardo*)

---

[1] *que en gloria esté.* Phrases like this one are commonly used when men-
tioning someone who is dead.

[2] *Usera* is a working-class district on the east side of Madrid. There was a
great deal of fighting there during the Civil War (1936–9).

[3] *¡Anda . . . la vida!* The negative only stresses that life really is full of
surprises.

[4] *la* (bomba) *atómica, la* (bomba) *hache.*

[5] *¡Polvitos al éter!*, "Dust particles in space!"

[6] *No será necesario, ¿verdad?*, "I don't need to press the point, do I?"

[7] *te vas a forrar*, "you will be rolling in it".

VOZ DE RICARDO: (*Borracho*) Que del fraile me voy a la fraulien,
> que a Alemania, muchachos, me voy,
> y en el barrio me dejo tó el hambre,
> la gazuza que pasando estoy.

(*A continuación del primer verso de la canción, en la casa de los corredores se enciende la luz de la vivienda de María. Sale ésta al corredor y palpa la chaqueta y el pantalón tendidos en la cuerda. Los descuelga. Con ellos en la mano, se queda mirando hacia la tasca. Acabada la canción, María exclama:*)

MARIA: ¡Un día me quedo sin él! Algo se me escapará de las manos. ¿Pero qué he hecho yo? ¿Qué he hecho yo?
(*Esta última exclamación la dice metiéndose*)
(*En la chabola la abuela se ha quedado ensimismada. Lola ha recogido el dinero y lo ha vuelto a meter en el calcetín. Lolita ha terminado de zurcir el segundo calcetín y, cogiendo el otro de encima de la cama, mete los dos en el armario*)

LOLA: ¿Cuántas arenques dijiste?

LOLITA: Doce.

LOLA: (*Pensativa*) Doce . . . Sal y dale una voz al Agustinillo. Y mira si tu padre está en la tasca. Dile que vamos a cenar.

LOLITA: (*Sale. Ya fuera, se va al fondo y vocea*) ¡Agustinillo, a cenar! ¡Agustinillo! (*El Sr. Paco, atraído por las voces, sale a la puerta de la tasca. Lolita se dirige a él*) ¿Está mi padre?

SR. PACO: No está, preciosa.

LOLITA: ¿Por dónde andará?

SR. PACO: ¿Quieres que vayamos a buscarlo? Pué que esté en la tasca del Rubio, y no vas a bajar tú solita por ese descampao.

LOLITA: Sé andar sola, señor Paco.

SR. PACO: Oye, preciosa. (*Acercándose a ella*) Tu papá está desesperao, ¿no te has dao cuenta? El que está parao no come. Tú podías ayudarle.

LOLITA: (*Separándose un poco*) ¿Cómo, señor Paco?

SR. PACO: (*Acercándose nuevamente y poniéndole una mano en el hombro*) No te asustes, pequeña. Escúchame.

LOLITA: (*Quitándosela de un manotazo*) ¡No me toque!

SR. PACO: Pero, hijita, ¿qué mal hay en ello? Si puedo ser tu abuelo. Verás: yo necesito una muchacha pa que ayude a mi señora. ¿No quieres ganar veinte duros al mes? Y desayuno, comida y cena. Y si quieres, merienda también. Hasta camita, preciosa. Tó un cuarto pa ti. ¡Cien pesetonas al mes, piénsalo! Y un durete te caería de vez en cuando pa que fueras al cine. ¿Eh? ¿Qué me dices?

LOLITA: ¡Que se lo diré a mi padre!

SR. PACO: Tu madre es una criá, niña. Nadie te ha hecho de menos.[1] Y dile a tu padre lo que quieras. Lo único que ha pasao aquí es que te han ofrecío una colocación.

(*Lolita se va hacia el fondo y vocea hacia el lateral izquierda*)

LOLITA: ¡Agustinillooo! (*Desapareciendo*) ¡A cenar!

SR. PACO: Todavía tienen pa cenar. (*Metiéndose en la tasca*)

LOLITA: (*Voz dentro*) ¡Venga! (*Reaparece y ve a su padre entrar por el lateral derecha. En tono más bajo, le dice*) Padre, podemos cenar ya.

JUAN: (*Avanzando hacia la chabola*) Está bien.

LOLITA: Padre.

JUAN: Dime.

LOLITA: (*Mirando hacia la tasca*) ¿Sabes que . . . ?

JUAN: ¿Qué?

LOLITA: Pues . . . Ná, padre; una tontería.

(*Entran en la chabola*)

AGUSTINILLO: (*Aparece corriendo por el fondo y entra también*) ¡Aquí estoy! (*La mesa está preparada para cenar. Agustinillo, al ver las sardinas y los trozos de tomate en los platos, irónicamente y frotándose las manos, exclama*) ¡Hombre! ¡Pollo otra vez! Hoy me toca a mí el muslo. (*A su hermana*) Lolita, ¡te lo cambio por la pechuga! ¿Hace? (*Se sienta*)

[1] *Tu madre . . . hecho de menos*, "No offence to you".

LOLITA: (*Sentándose a su vez*) No, que te va a dar un empacho.

AGUSTINILLO: (*Intencionadamente*) Un día tenemos que cenar sardinas arenques, ¡como los desgraciaos!

JUAN: (*Sentándose*) ¡Cállate!

AGUSTINILLO: ¿A cuántas tocamos hoy, madre?

LOLA: (*Sentándose*) Los hombres, a tres.

ABUELA: Come las que quieras, yo estoy desganá.

(*Todos, menos la abuela, empiezan a comer. Un aparato de radio deja oír la sintonía de Radio Nacional. A continuación suenan las diez de la noche. Se oye la voz del primer locutor*)

VOZ 1ª: Acaban de oír ustedes las diez de la noche en el Reloj del Palacio de Comunicaciones[1] de Madrid.

VOZ 2ª: Quinto diario hablado de Radio Nacional de España.

VOZ 1ª: Índice informativo: La O.E.C.E. califica de espectacular la recuperación de reservas de oro y divisas en España.

VOZ 2ª: Kruschef provoca consultas urgentes en Occidente.

VOZ 1ª: El ministro y presidente del Consejo de Economía Nacional, don Pedro Gual Villalbí, pronunciará el pregón de las fiestas de la Merced.[2]

VOZ 2ª: Creciente infiltración comunista en el Perú.

VOZ 1ª: Nueva York. Estallan dos bombas en Manhattan.

(*Se apagan las voces de los locutores y sale al corredor la Sra. Balbina llamando a María*)

BALBINA: (*Hacia arriba*) ¡María! (*Para sí*) ¡Está bueno el mundo![3]

---

[1] *El Palacio de Comunicaciones* is the central office of the G.P.O.

[2] *pronunciará . . . de la Merced.* The news is read in Spain by two people whose voices alternate in giving the headlines. The *Fiestas de la Merced* take place in Barcelona, starting on 24th September. An inaugural address (the *pregón*) is given by some important personage.

[3] *¡Está bueno el mundo!*, "What a fine state the world is in!", i.e. Spain. The Spanish audience knows quite well that all these references are to the state of affairs in Spain.

MARÍA: (*Asomándose*) ¿Me llama usté, señora Balbina?

BALBINA: Sí, hija. Préstame un poquito de sal, anda. Una miaja na más. ¿Subo?

MARÍA: Ahora mismo se lo bajo.

BALBINA: Gracias, hija. No puedo ya con las escaleras. Oye, ¿a qué hora pasa el satélite?

MARÍA: No tardará. ¿Aún no lo ha visto usté? Parece una estrella y atraviesa tó el cielo de Madrid.

BALBINA: (*Irónica*) ¿Y a dónde conduce? ¿A Belén? ... ¡Le estoy cogiendo hincha a los sabios!¹ (*Se mete. María se mete también*)

(*En la chabola*)

LOLA: Coma usté algo, madre.

AGUSTINILLO: (*Solícito, alargándole un bocadillo que ha hecho con pan y una arenque*) Toma, abuela, un bocadillo de arenque, ¡sabrosón como él solo!²

JUAN: (*A la abuela, que rechaza el bocadillo*) ¿Le pasa a usté algo?

LOLITA: Abuelita, ¿por qué . . . ?

JUAN: (*Cortando*) ¡Dejarla en paz!

(*La abuela se levanta y, calmosamente, se dirige hacia la cama. Lola intenta ir a su lado. Juan la detiene*)

JUAN: Déjala. Conozco ese estao. Un poco de soledá pa rumiarlo es lo que le vendría bien ahora.³

LOLA: (*Pausa*) Juan. Si te falla el patrón, ¿qué? ... Contando al Sebas, ¿cuántos se han ido ya del barrio? . . . Te asusta el número, ¿eh?

JUAN: Trabajaban en talleres, en fábricas pequeñas.

LOLA: Y en grandes. Piensa en la del Sebas.

JUAN: ¡Pienso en mi patrón! (*Cambiando el tono*) Me oirá. Mi deber es que me oiga, y el suyo escucharme.

---

¹ *¡Le estoy cogiendo hincha a los sabios!*, "I am beginning to have it in for all those know-alls". *Le* for *les* is not a mistake but is common in popular speech.

² *¡sabrosón como él solo!*, "tasty as only it can be".

³ *Un poco de . . . bien ahora*, "She could do with a bit of peace and quiet now to turn things over".

LOLA: Palabras. Palabrería. Lo más que lograrás es un cachetito amistoso. Y no esperes que la mano que te lo dé caiga en la cuenta de que pega en hueso. En hueso descarnao. Las manos gordezuelas, Juan, tienen atascá la sensibilidad.[1]

JUAN: ¿A qué viene eso ahora?

LOLA: ¡A que estoy harta de tó esto! ¡A que mis hijos están en edad de crecer! ¡A que . . . ! ¡Yo qué sé a qué!

JUAN: Me oirá, Lola. (*A Lolita y Agustinillo*) Tié que oirme. Sí. Sí. Mi hoja de servicios es buena. He demostrao que sé trabajar. Me oirá, sí que me oirá. Le hablaré de vosotros. De lo que pienso hacer de ti, Agustinillo . . .

LOLA: (*Cortando, violenta*) ¡A mis hijos ni se los nombres! ¡Y métete esto en la cabeza!: ¡Háblale de ti! ¡Del obrero Juan! ¡Del albañil! Lo demás es mendigar!

AGUSTINILLO: (*Pausa*) Esa arenque es tuya, padre.

JUAN: Cómetela tú.

AGUSTINILLO: (*Alargándole un trozo de tomate*) Te la cambio por este trozo de tomate. (*Juan lo coge*)

LOLITA: (*Protestando*) ¡Qué fresco! ¡Ese trozo de tomate es mío.

JUAN: (*Alargándoselo*) Tómalo, hija.

LOLA: (*Enérgica*) ¡Niña!

LOLITA: ¡Pero madre! (*Señala a su hermano*) ¡Si se los está comiendo tós él! ¡Y cinco arenques lleva![2]

AGUSTINILLO: ¡Chivata!

LOLITA: Toma, padre; te lo doy.

JUAN: (*Sin cogerlo y empujándolo con la mano hacia su hija, se*

[1] *Lo más que lograrás . . . la sensibilidad. Pegar en hueso* has really got nothing to do with *hueso*, as it simply means "not to achieve the desired effect" (here, to cheer Juan up with a slap on the shoulder). Lola, however, makes use of the word to crack a joke—*hueso descarnado*, "fleshless bone", instantly conjures up a picture of a skinny, hungry man. The whole remark is a pun, meaning that the plump hands of the well-fed former employer would anyway not feel the bone, i.e. those who are well-off are unable to feel sympathy for others.

[2] *¡Y cinco arenques lleva!*, "He has already eaten five sardines!"

levanta) En eso tiés razón, Lola. Ná de hablarle de los hijos. ¡El trabajo es el trabajo! ¿Qué tal me ha quedao la camisa?

LOLITA: (*Levantándose*) ¡Vas a ir hecho un novio! (*Va a por la camisa*)

LOLA: Tó lo tiés a punto.

LOLITA: (*Mostrándole la camisa*) ¡Mírala, padre!

AGUSTINILLO: (*Levantándose*) ¿Te vas a poner corbata?

LOLITA: ¡Claro que sí (A su padre) ¿Tiés que aparentar que eres rico, verdá?

(*Lleva la camisa a donde estaba*)

AGUSTINILLO: Yo me vestiría de "cua-buay".

LOLA: (*Extrañada*) ¿De qué?

AGUSTINILLO: ¡De "cua-buay"!

LOLITA: ¿No sabéis lo que es un "cua-buay"? Un norte-americano encima de un caballo con dos pistolas y lazo.

AGUSTINILLO: ¡O de gánster, padre! (*Hace que empuña una metralleta y, rapidísimo, imita los disparos*) ¡Taca-taca-taca-taca-taca! O de . . .

LOLA: (*Cortando*) ¿Pero qué tonterías son ésas? (*A Lolita*) No te olvides luego de limpiarle los zapatos a tu padre. (*Se dispone a fregar lo poco que han ensuciado. Lolita recoge y limpia la mesa*)

AGUSTINILLO: (*A su padre*) ¿Sabes una cosa? Nacho va a decirle a su tío que lo meta en un instituto laboral. Quiere aprender mucho. ¿Y sabes pa qué? Pa irse a Munich. Munich es una ciudad de Alemania. Creo que allí los hijos de pobre viven como los hijos de rico, y los hijos de rico, como don Epifanio, "el nóminas".[1] (*Juan se sienta*)

LOLITA: Padre: ¿Tú has visto "Sissí, Emperatriz"? Es una

---

[1] *don Epifanio, "el nóminas".* La *nómina* is the payroll for white-collar workers. Don Epifanio is a comical name, and his nickname *"el nóminas"* suggests that he is an *enchufado* (a person who gets an appointment through string-pulling) whose name is on several payrolls though he may not be doing much work in return for so many salaries.

película formidable; sin penas. Deberíamos irnos los cuatro: todos a vivir a Alemania.

AGUSTINILLO: En Suiza también se vive bien. Y en Australia. ¡Y en Texas, padre! (*Rápido, hace que empuña dos pistolas. Al mismo tiempo exclama*) ¡Arriba las manos! ¡Que todos los señores gordos suelten la pasta! (*Con desplante, le da a su padre un cachete en el hombro y, confianzudo, le dice*) ¡Formidable! ¿Eh, macho?

JUAN: (*Levantándose amenazador*) ¿Quieres que te arree una guantá, mamarracho?

LOLA: ¡Quieren irse! ¡Todos queremos irnos! ¡A vivir!

JUAN: (*Duro, seco*) ¡Pues de esta casa no se mueve nadie!

LOLA: ¡No me tires de la lengua, que la armamos, eh!

JUAN: ¡Un céntimo! ¡Un solo céntimo que consiga yo traer a mi casa, y no hay huida pa nadie! ¡Que quede bien claro!

LOLA: ¡Fanfarrón!

JUAN: ¿Qué dices?

LOLA: (*Enfrentándose con Juan*) Esto: ¡que no permitiré que hagas de mis hijos dos mártires más!

JUAN: Han nacío aquí, Lola. Su hambre es de aquí. Y es aquí donde tienen que luchar pa saciarla. No debemos permitir que tu hambre, que nuestra hambre, se convierta en un trasto inútil.

LOLA: Otra de tus frases.

JUAN: Sí, otra de mis frases. Pero que va a cumplir treinta y nueve años. ¡Fíjate si lleva hambre dentro!

LOLA: Yo trabajo tanto o más que tú.

JUAN: Lo sé.

LOLA: Esto da derechos. ¿También lo sabes?

JUAN: También lo sé.

LOLA: Pues escucha: Mañana te plantas la camisa y te vas a ver al patrón. Y si el patrón falla...

JUAN: Si el patrón falla, ¿qué?

LOLA: Seguiré lavando, fregando, haciendo lo que sea, ¡pero aquí, no!

JUAN: (*Extraño y seguro*) ¡El patrón no fallará!

(*Por el fondo derecha entra el Tío Maravillas con su manojo de globos*)

Tío MARAVILLAS: (*Pregonando*) ¡Pal nene! ¡Pa la nena! ¡Pal filósofo también! ¡Globitos! ¡Globitos de colores! (*Se tambalea un poco y, por la voz también, se le nota que está bebido. A lo lejos se oyen voces que se acercan cantando*)

VOCES: No me marcho por las chicas,
    que las chicas, guapas son,
    guapas son . . .[1]

(*Como fondo, sigue escuchándose la canción. Ricardo sale de la tasca borracho*)

RICARDO: (*Al Tío Maravillas*) Oye, Maravillas: dame dos globitos pa la María, anda. Y que tengan muchos colorines, que no quiero que se me cabree otra vez. Anda, sé bueno.

(*Por el fondo izquierda entran el Sebas, el Lolo y el Luis, cantando*)

LOS TRES: Me marcho porque en el barrio
    ya no queda un pelucón.

LOLO: (*Al Tío Maravillas*) ¿Pero aún no ha echao el cierre?[2]

Tío MARAVILLAS: Le falta grasa.

LOLO: Échele salivilla, que a lo mejor es comprensivo.

SEBAS: (*Empujándolos hacia la tasca, donde entran*) Tós pa dentro, que va de despedida.[3] (*Al Lolo, que va a entrar en la tasca*) Lolo, ¿está ahí el Juan?

LOLO: No está, Sebas.

(*Entran todos en la tasca, menos el Sebas. Éste se dirige hacia la chabola cantando*)

---

[1] *No me marcho . . . guapas son*. This is a well-known popular song.

[2] *¿Pero aún . . . el cierre?*, "Haven't you locked up yet?" Lolo speaks as if Tío Maravillas had a shop, asking him why he is still working. The latter replies that circumstances force him to. He couldn't lock up even if he wanted to as the shutter needs oiling.

[3] *va de despedida*, "a farewell drink".

SEBAS: Me marcho porque en el barrio
ya no queda un pelucón. (*Entrando en la chabola*) A las
buenas noches.
Anda, Juanillo, ven a echarte un vaso y a desearme buen
viaje.

LOLA: ¡Qué suerte la tuya!

SEBAS: Al alcance de cualquier desgraciao, Lola. (*A la abuela*)
¿Está usté mala, abuela?

ABUELA: (*Desde la cama*) Estoy que no me encuentro.[1]

SEBAS: ¿Ha mirao usté debajo la cama? (*A Juan*) Hala, Juan.
(*Juan se levanta*)

LOLA: (*Al Sebas*) A ver si le animas y le quitas de la cabeza la
heroicidad.

SEBAS: Descuida, te lo voy a secuestrar con la primera carta
que le escriba. Abuela, ¿le hace una copilla de anís a mi
salú? Eso la entonará. Y otra pa ti, Lola. Que venga el
chaval y os las trae.

LOLA: (*Al Sebas, señalando a Juan*) Más vale que se las beba
ése, que hace siglos que no sonríe.

SEBAS: (*Con intención*) A éste le voy a dar cerveza pa que se
vaya acostumbrando.

JUAN: (*Exasperado*) ¡A mí me vais a dar leches![2] ¡No me
jorobéis más! (*Sale*)

SEBAS: Agustinillo, tráete el barreño, que os lo voy a llenar de
anís. (*Agustinillo sale detrás del Sebas y se dirige hacia la
tasca, en la que entra. El Sebas le dice a Juan*) No te pases de
la raya, hombre.

JUAN: (*Enfrentándose con el Sebas*) ¡Te quieres meter en la
sesera que la mayoría no os vais: que huís? ¡Es la espantá!
Y lo que a muchos no os aguanto es que os larguéis maldi-
ciendo la tierra que os parió. ¿Qué culpa tié la tierra?

[1] *Estoy que no me encuentro,* "I am not feeling myself at all". The Spanish
verb *encontrar* enables Sebas to make a poor joke.
[2] *¡A mí ... leches!* Juan is annoyed because the offer of beer is intentional
—it is the national drink of Germany. See note 3, page 44.

(*Secundando las últimas exclamaciones de Juan, de la tasca salen ruidos de ambientación. El Sebas, con un gesto de circunstancias, entra en ella seguido, un poco lentamente, por Juan. Ya dentro, el Sebas exclama:*)

SEBAS: ¡Vino pa tos!

ABUELA: Nena, extiende la cama. (*A Lola*) Está duro el Juan, hija.

LOLA: (*Acabando de fregar en el barreño*) Ya se ablandará. (*Coge el barreño y sale al solar a tirar el agua. Entrando*) Pocos son los que se van por gusto.

(*Lolita, que ya ha dejado completamente libre la mesa, se pone a desarmar ésta, que es un mueble-cama. Previamente, apartando las banquetas, ha hecho sitio. Dentro del mueble-cama está el colchón, sábanas y una manta. Agustinillo sale de la tasca con dos copas de anís. Al llegar al centro se para y, después de mirar a un lado y a otro, sorbe un poco de cada copa. Relamiéndose exclama:*)

AGUSTINILLO: ¡Está de butén!¹ (*Entrando en la chabola*) ¿Me dejáis echar un chupito?

ABUELA: (*Que se ha levantado de la cama, le quita las copas al Agustinillo*) Trae *pacá, condenao.* Échame el aliento, anda: ¡que vienen mediás!² (*Se bebe de un trago una de las copas*)

AGUSTINILLO: (*A Lolita*) ¿Te has fijao? La abuela bebe como "Richard Vidmar", ¡qué tía!

LOLA: (*Coge la copa que le alarga la abuela. Bebe un poco y se la ofrece a Lolita*) Toma, prueba un poquito.

AGUSTINILLO: ¿Y yo a dieta?³

LOLITA: (*Bebiendo*) ¡Qué rico!

LOLA: (*Cogiendo la copa que le devuelve Lolita*) ¿De verdá no lo has probao?

AGUSTINILLO: ¡Sólo del de la abuela!

---

¹ *¡Está de butén!*, "It's wonderful!"

² *Échame . . . vienen mediás* (=*mediadas*), "Let's smell your breath—they're already half empty".

³ *¿Y yo a dieta?*, "Well, am I supposed to be on a diet?" *Estar a dieta* often means "not to eat anything at all".

LOLA: Estás tú bueno.[1] (*Bebe lo que queda en la copa y se la da vacía a su hijo*) Anda, devuélvelas.

AGUSTINILLO: (*Coge las copas vacías y sale exclamando*) ¡Qué gente más tacaña! (*Al llegar al medio de la calle trata de sorber las gotas de anís que quedan en las copas. Y al levantar la cabeza, a voz en grito, exclama*) ¡El satélite! (*Entra corriendo en la tasca y vuelve a exclamar*) ¡El satélite!

LOLITA: (*Sale corriendo seguida por la abuela. Detrás de ellas sale Lola*) ¡El satélite!

MARÍA: (*Sale al corredor, mira y señala un lugar en el cielo*) ¡Allí! ¡Allí!

BALBINA: (*Sale a su corredor tratando de descubrir el satélite*) ¿Dónde?

MARÍA: (*Señalando*) ¡Allí, señora Balbina!

LOLO: (*Saliendo seguido por todos los de la tasca menos Ricardo y el Tío Maravillas*) ¡El satélite, machos!

BALBINA: ¡Pero si es una estrellita de ná!

LUIS: ¿Sabéis cuántas vueltas al mundo da al día?

SR. PACO: Demasiás. Terminará liándonos,[2] ya veréis.

LOLO: (*Admirativamente, mirando hacia arriba*) ¡Qué tíos los rusos!

SEBAS: ¡Si es de los americanos, chalao!

LOLO: Bueno, ¿y qué? ¿Es que no puedo decir ¡qué tíos los rusos!?

ABUELA: No se le ven las alas.

AGUSTINILLO: Si los satélites no llevan alas, abuela.

ABUELA: ¡Malo! ¡Malo! ¡Invención del diablo será!

SEBAS: Dentro de poco la invitaré a dar una vueltecita por la luna, abuela.

ABUELA: Invítame a cochinillo en casa Botín, que me urge más. (*Todos van girando la cabeza*)

LOLO: ¡Gol, abuela! ¡Chuta usté como nadie!

---

[1] *Estás tú bueno*, "You are a fine one", i.e. liar.

[2] *Terminará liándonos*. The double meaning of *liar* is fairly clear—the satellite going round the earth may eventually cause trouble.

Luis: Si cae ahora nos da en el coco.

(*De la tasca salen el Tío Maravillas y Ricardo completamente borrachos. El Tío Maravillas sale con su manojo de globos*)

Tío Maravillas: (*Tartajeando*) ¿Dónde, dónde está ese globo? ¡Con competencias a mí!¹ ¿Pero qué se habrán creído esos americanos? ¡Ni que fueran los únicos! En todas, en todas partes cuecen globos.²

(*Ricardo le quita un globo*)

Lolo: ¡Josú, qué papalina!

María: Ricardo, ¡sube ahora mismo!

Ricardo: (*Soltando el globo que tiene*) ¡Sube, globito! ¡Sube!

María: ¡Malditos borrachos!

Tío Maravillas: (*En alto*) ¿Quién ha dicho borrachos? (*Risas*) ¡Silencio! (*Suelta y le ayudan a soltar siete globos*) ¡Mirad, mirad! ¿Cuántos satélites hay ahora en el aire? Contadlos: ¡siete! Y de los siete, solamente uno no es nuestro. (*Jolgorio*) ¡Viva el más allá!

Ricardo: ¡Viva! ¡Viva!

(*Por el fondo de la calle aparece Nacho. Se acerca al Agustinillo, le dice algo al oído, y los dos, corriendo, desparecen por el fondo de la calle. El diálogo no ha cesado*)

Tío Maravillas: ¡Azules! ¡Encarnaos! ¡Amarillos! ¡Verdes! ¡Somos los creadores del Arco-Iris! ¡Viva la fantasía!

Algunas voces: ¡Viva!

Tío Maravillas: (*Repartiendo globos*) Toma, pa ti; cogerlos, amigos, y cuando los soltéis, seguirlos con la mirá hasta el infinito: ¡El más allá es nuestro!

Lolo: ¡Viva el Tío Maravillas!

Todos: (*Entre risas*) ¡Vivaaaa!

(*Juan, que se ha mantenido como al margen de todo el jolgorio,*

---

¹ *¡Con competencias a mí!*, "Is it in competition with me?"

² *en todas partes cuecen globos*. The reference is to the proverb *En todas partes cuecen habas* = "They cook beans everywhere", i.e. the same things (here, *globos*) exist everywhere.

se dirige hacia la chabola y entra. Mientras sigue lo de fuera, él
se desnuda y se acuesta. María baja y, a la fuerza, se lleva a
Ricardo)

TÍO MARAVILLAS: (*Ordenando en voz alta*) ¡Soltad los globos a
inmortalizarme, machos!

LOLO: (*Soltando su globo*) ¡Inmortalicémosle!

LUIS: (*Soltando el suyo*) ¡Que no palme!

BALBINA: ¡Na de criar malvas!

LOLO: ¡Viva el Tío Maravillas, el incorrupto!

TODOS: (*Sin perder el aire de guasa*) ¡Vivaaa!

TÍO MARAVILLAS: ¡Silencio! (*Alzando más la voz*) ¡Silencio!
¡Mirad mis globitos de colores! ¡Suben! ¡Suben! Cerrad
ahora los ojos e imaginároslo: ¿A que son los primeros en
llegar a la luna?

LOLO: (*Ridiculizando*) ¡Ahí va, sí!

TÍO MARAVILLAS: (*Muy serio, muy emocionado, con voz muy
cálida*) ¡Señores! ¡Por favor, señores! (*Se hace un silencio
absoluto. De pronto exclama*) ¡Viva España! ¡Viva España!
(*Cae de rodillas y, golpeando el suelo con los puños, vuelve a
exclamar entre sollozos*) ¡Viva España!
(*Hay unos instantes en que sólo se escucha el jadeo del Tío
Maravillas*)

SEBAS: Échame una mano, Lolo.

LOLO: (*Ayudando al Sebas a levantar al Tío Maravillas, le dice a
éste*) Ande, vámonos a casa.
(*Desaparacen por el fondo derecha*)

LUIS: ¡Pobre hombre!

SR. PACO: De campeonato ha sido la de hoy.[1]

ABUELA: Y siempre el mismo final: ¡Pal arrastre![2]

---

[1] *De campeonato ha sido la de hoy* (i.e. *la borrachera de hoy*), "It is a first-class
blind he's had today".

[2] *Pal* (=*Para el*) *arrastre. Dejarle a uno para el arrastre* or *quedar para el
arrastre* are expressions often heard in Spain, with much the same meaning
as "It leaves you like a washed-out rag". Literally, "fit only to be dragged
away". *El arrastre* is the dragging away of the bull after the *matador* has
killed it.

BALBINA: ¡Qué pena de hombres!

(*Cae un globo y, en el aire, lo coge Lolita*)

ABUELA: A ver si se cae el satélite y explota.

BALBINA: ¡Qué cosas se le ocurren, abue . . . !

(*Se oye una explosión. Luego otra. Después, un poco más intensa, la última. El susto es enorme. Hay desbandada general. Balbina se mete en su casa exclamando:*)

BALBINA: ¡Ya están aquí! ¡Ya están aquí![1]

LUIS: ¿Qué es eso?

LOLA: (*Llamando a su hija*) ¡Lolita!

ABUELA: (*Metiéndose en la chabola*) ¡Maldito satélite!

LUIS: ¿Qué ha sido eso, señor Paco?

SR. PACO: ¡No sé! ¡No sé!

(*Detrás de la abuela entran en la chabola Lolita y Lola. Juan se incorpora y pregunta*)

JUAN: ¿Qué es lo que pasa?

LOLA: No sabemos, Juan. ¿Tú crees que vuelve a . . . ?[2]

LUIS: (*Al señor Paco*) Con estos nervios se imagina uno lo peor.

JUAN: (*Agitado, a Lola*) ¿Y Agustinillo?

LOLA: (*Angustiada*) ¡Mi hijo!

MARÍA: (*Asomándose al corredor*) ¿Qué ha pasado, señor Paco?

LOLA: (*Corriendo hacia la puerta*) ¡Mi hijo!

JUAN: (*Deteniéndola*) ¡No salgas, Lola!

MARÍA: ¿Ha explotado el satélite?

LOLA: ¡Agustinillo!

LUIS: (*A María*) ¡Ha sonao a bombas!

MARÍA: (*Metiéndose, desesperada*) ¿Otra vez?

LOLITA: ¡Nacho! ¡Agustinillo!

(*Intenta ir a buscarlos. En la puerta la detiene Lola. Juan, con sólo los pantalones—descalzo y en camiseta—sale apartando*)

---

[1] *¡Ya están aquí!* The reference is vague, but bomb explosions were not unknown in Madrid even when this play was written.

[2] *¿Tú crees que vuelve a . . . ?*, "Do you think it is starting again?" i.e. a bomb scare.

nervioso a su hija. Al ver al tabernero y a Luis, se dirige a ellos y les pregunta)

JUAN: ¿Habéis visto a mi hijo?

LUIS: No, Juan. No lo hemos visto.

(*Juan desaparece corriendo por el fondo izquierda*)

ABUELA: ¡Maldito! ¡Maldito satélite!

LOLITA: (*Angustiada*) ¡Mamá! ¡Déjame ir a buscarle!

LOLA: (*Sujetándola*) ¡No! ¡Tú no!

SR. PACO: (*A Luis*) ¿No olfateas la chamusquina?

LUIS: Lo que es que yo no me dejo liar otra vez.[1]

ABUELA: (*Dándose un golpe en la frente*) ¡Los petardos! ¡Malditos críos!

LOLA: (*Desde la puerta*) ¿Qué dice usted?

ABUELA: ¡Que esos críos llevan la sangre del diablo! Claro, ¡con tanta película de guerra!

(*Toda la escena anterior, en la que el diálogo ha surgido de todas las partes del escenario, es una escena rapidísima. Por el fondo de la calle aparece Juan, que trae al Agustinillo y a Nacho cogidos, al primero por una oreja y al segundo por el brazo. Nacho viene exclamando:*)

NACHO: ¡Suélteme, señor Juan! ¡Suélteme!

SR. PACO: (*Adelantándose*) ¿Pero han sido éstos? (*Cogiendo a Nacho*) ¡Déjeme! ¡Déjeme a éste!

LUIS: (*Sacándose el cinto*) ¡Ahora mismo lo breo!

(*Alza el cinto para descargarlo sobre Nacho. Éste, de un tirón se escapa y sale corriendo por el fondo derecha no sin antes llevarse una patada que le da el señor Paco*)

LOLITA: ¡Corre, Nacho! ¡Corre!

SR. PACO: (*Saliendo detrás de Nacho*) ¡Anarquista!

LUIS: (*Dándole el cinto a Juan*) Toma, Juan. ¡Escarmienta por lo menos a ése!

(*Agustinillo se suelta y va a escudarse en su madre*)

AGUSTINILLO: ¡Madre!

---

[1] *Lo que es que yo . . . liar otra vez*, "I'm not getting mixed up in anything again".

Juan: (*Cogiendo el cinto de Luis, se lo muestra a su dueño y, duro, le pregunta*) ¿No te parece, Luis, que esto ya se ha utilizao bastante?[1]

(*Tira el cinto contra el suelo. La abuela, Lolita y Lola, con Agustinillo abrazado a ésta, se meten en la chabola. Luis recoge su cinto y, poniéndoselo, se va por el fondo de la calle, no sin antes despedirse de Juan*)

Luis: Hasta mañana, Juan.

Juan: Hasta mañana, Luis.

(*Entra en la chabola. El señor Paco reaparece jadeante y se mete en la tasca. En la chabola todos, menos Lolita, se comienzan a acostar. Ésta coge los zapatos de su padre, se sienta en una banqueta y, con cierta calma, se pone a limpiarlos. Una música melancólica, que deja en el ambiente una matizada sensación de soledad, se empieza a oir. Lentos, se ven caer sobre el escenario unos cuantos globos*)

---

[1] *¿No te parece . . . bastante?*, "Don't you think this has been used enough already?", i.e. force. This is reference to political repression.

ACTO TERCERO

EL MISMO decorado. Al levantarse el telón se ve, tendida en la cuerda del solar, la camisa. Tiene el faldón roto, está gastada. Por el fondo de la calle aparece un golfillo con una cesta de reparto de comestibles al hombro. La lleva cogida por la mano izquierda. En la derecha trae una armónica. Desde antes de aparecer en escena viene tocando el pasodoble que subraye esta obra. Al llegar al centro del escenario se para y deja la cesta en el suelo. Sacude la armónica contra la palma de su mano izquierda, quitándole así la saliva. Carga otra vez con la cesta y desaparece por el lateral izquierda, siempre tocando el citado pasodoble. Con la musiquilla perdiéndose a lo lejos aparece Juan por el fondo de la calle. Viene con la indumentaria de todos los días y firme. Sospechosamente firme. De vez en cuando da un traspiés. Al llegar ante la camisa la mira. Luego, en un rapto de furor, la desgarra en dos mitades. Hecho esto, abre la puerta de la chabola violentamente con el pie. Entra y se tumba en la cama.

> (*Al corredor de María sale Balbina con un barreño de ropa lavada y la va tendiendo en la cuerda. Acabando de tender un camisón de dormir sale Ricardo al corredor*)
>
> RICARDO: ¡No sé cómo agradecérselo, señora Balbina!
> BALBINA: Esto lo hago por ella, no por ti. ¡A ti ya te habría yo estrangulao! ¡Maldita sea tu sangre!
> RICARDO: ¡Me cegué, señora Balbina! ¡No supe lo que hacía!
> BALBINA: Pero sí sabes meterte en la tasca: ¡a olvidar! ¿A olvidar qué? ¿Que tenéis unas mujeres que son las que de verdá aguantan lo que cae sobre vosotros? ¡Vaya unos

84

tíos! ¿Sabes lo que te digo? ¡Que sois bazofia! Todo lo
arregláis con media frasca de tinto.

RICARDO: (*Sin darse por aludido*)[1] ¿Se encuentra mejor la
María, verdá?

BALBINA: Ella tié más reaños que tú.

RICARDO: Si a usted le parece, aviso al médico.

BALBINA: ¡A la guardia civil es a quien habría que avisar!
¿Pero es que no te has dao cuenta que casi la matas?

RICARDO: ¡Le juro que me cegué, señora Balbina! ¡Es que esa
manía que le ha dao de agarrar la sartén . . . !

BALBINA: ¿Y qué quieres que haga la pobre cría? ¿Besarte el
mal vino cada vez que se lo baboseas?[2]

RICARDO: ¡Me cegué!

BALBINA: ¿Y no sabías que estaba en estao? . . . Dejémoslo,
Ricardo. (*Acaba de tender la ropa y se enfrenta con él*) Pero
escúchame: como mientras ella esté en la cama te bebas
un tanto así de vino[3] (*junta el índice y el pulgar*), ¡te juro por
mis muertos que te arranco las entrañas! (*Se agacha y coge
el barreño*)

RICARDO: (*Dolido*) ¡Soy un miserable, señora Balbina! ¡Un
canalla!

BALBINA: (*Sin acritud*) Le he puesto dos sábanas mías. Mañana
lavaré las vuestras. Anda, vete a su lao. Yo me voy a pre-
parar la cena. Procura que esté quieta, que no se mueva.

RICARDO: ¿Y la hemorragia?

BALBINA: Parece que se le ha cortao. De todas formas hay que
avisar al médico. Seguramente tendrán que hacerle un
rapao.[4] Oye: la María se ha caído por la escalera,

---

[1] (*Sin darse . . . aludido*), "(Pretending it does not refer to him)."

[2] *¿Besarte . . . baboseas?*, "Do you expect her to kiss you with all the filthy
wine you dribble over her?"

[3] *como mientras . . . de vino*, "if you drink just the tiniest drop of wine while
she's ill in bed . . ." The present subjunctive appears after *como* (with a note
of threat), but never after *si*.

[4] *un rapao* (=*raspado de matriz*), a minor operation usually carried out after
miscarriage.

¿entendido? Pues, hala, pa dentro. (*Lo empuja*) ¡Y no te me derrumbes,[1] hombre! (*Se mete detrás de él*)

(*En la chabola, Juan se levanta y con cuidado, por lo que ha bebido, va y enciende la luz. Luego, con algún traspiés, arrima una silla a la mesa y se sienta. Saca una carta sin sobre del bolsillo y se pone a leerla. Pronto la estruja entre sus manos y la arroja con furia contra el suelo. Toda esta escena de Juan comienza con las últimas frases que acaba de pronunciar la señora Balbina. Por el lateral derecho entran en escena Lolita y Nacho.*)

NACHO: Me lo ha contao el Agustinillo.

LOLITA: ¡Pero si sólo se lo he dicho a la abuela!

NACHO: (*Parándose*) Y la abuela a tu madre. Y cuando se lo decía, el Agustinillo pegó la oreja.[2]

LOLITA: Bueno, ¿y qué? ¿Acaso ha pasao algo? ¡Ni que hubiera entrao a servir en su casa![3]

NACHO: Ese tío es un mal bicho, Lolita. ¡Un día le coloco una bomba en la tasca!

(*Pausa*)

LOLITA: ¿Sabes que ha escrito el Sebas?

NACHO: Sí, me lo ha contao tu hermano. Ya era hora de que el tío se acordara. ¿Cuántos días hace que se fue?

LOLITA: Pues verás ... Al día siguiente de morirse la mujer del Tío Maravillas. O sea: dieciséis, diecisiete, veintidós días. ¡No te puedes imaginar la bronca que ha habido en casa!

NACHO: Es que, por lo que me ha contao el Agustinillo, la cartita se las trae, tú.[4]

LOLITA: Pues a pesar de to mi madre se va.

NACHO: Mi tío dice que hay que irse por los Sindicatos,[5] que a

---

[1] *¡Y no te me derrumbes!*, "And don't you go and crack up!" The use of the dative *me* adds an affectionate note.

[2] *pegó la oreja*, "he overheard them" (intentionally).

[3] *¡Ni que ... su casa!*, "You carry on as if I had already gone into service in his house".

[4] *la cartita se las trae, tú* "that little letter is dynamite, you know."

[5] *por los Sindicatos*, "with the things arranged by the trade unions".

los que se van por las buenas se las hacen pasar morás,[1] ¿Sabes que en muchos sitios ponen cartelitos prohibiéndoles la entrá? ¡Ha venido en el "Ya", no creas![2] Chica, ni que fuéramos unos mal nacíos.[3] ¡La madre que . . . ! Ná; que he cambiao de parecer y en cuanto me especialice me largo a Suiza. ¡Te enseñaré a esquiar, chatilla!

(*Por el fondo de la calle, lateral derecha, aparece Agustinillo. Detrás, rezongando, viene la abuela*)

ABUELA: Espera, condenao, espera.

AGUSTINILLO: (*Al lado ya de Lolita y Nacho, les pregunta vivamente*) ¿Os habéis enterao?

LOLITA: ¿De qué?

ABUELA: ¡Este crío me trae a matacaballo![4]

AGUSTINILLO: (*A la abuela, que pasa de largo*) Abuela, ¡no lo saben!

ABUELA: (*Metiéndose en la chabola*) Yo no entiendo de fútboles.

AGUSTINILLO: (*A Lolita y Nacho*) Que el Lolo ha acertao. ¿A que no sabéis cuántos resultados?

NACHO: ¿Trece?

AGUSTINILLO: ¡Catorce!

NACHO: (*Vivísimo*) ¿Catorce? ¡Ahivá[5] qué tío ¿Y cuántos boletos máximos . . . ?[6]

AGUSTINILLO: No sé, eso no lo sé. ¡Pero como sean tres o cuatro . . . !

(*Sin acabar la frase sale corriendo y entra en la chabola para dar*

---

[1] *se las hacen pasar morás* (=*moradas*), "they give them a terrible time".

[2] *¡Ha venido en el "Ya", no creas!*, "It was in 'Ya' (a daily paper), don't think I have invented it".

[3] *ni que . . . mal nacíos* (=*nacidos*), "and they've no right, not even if we were the lowest of the low".

[4] *¡Este crío . . . matacaballo!* "This boy drags me along at a tremendous rate!"

[5] *Ahivá.* This means literally "there it goes!" and is an expression of surprise, disappointment or strong feeling of any kind at some new event.

[6] *¿Y cuántos boletos máximos . . . ?* (*acertantes* is understood), "How many scored the maximum?" A pool's win is divided among all those with top mark (14).

la noticia a su padre. Éste, que se ha levantado en busca de cerillas para encender un cigarro, acaba de tirar, sin querer, uno de los cacharros de cocina al suelo. Se le sigue notando un poco la borrachera. La abuela acude a él solícita)

ABUELA: Juan, hijo . . .

AGUSTINILLO: Padre, ¿sabes lo que . . . ? *(Pierde el entusiasmo y se queda mirando cómo la abuela trata de espabilar a Juan)*

ABUELA: Acuéstate, anda. No vas a poder ir a la estación.

AGUSTINILLO: Padre, ¿te has enterao de lo del Lolo? Ha acertao catorce resultaos . . . *(Se corta ante una seña de la abuela, indicándole que se calle)*
(Juan va a coger el cántaro de agua)

ABUELA: *(Quitándole el cántaro)* Deja. Yo te la echaré.
(Agustinillo, al ver que su padre no le hace caso, sale a reunirse con Lolita y Nacho que, desde la puerta, han visto el resultado de la noticia. Juntos los tres, se van calle adelante comentando)

AGUSTINILLO: Le hablas y como si na. Parece ido.[1]

LOLITA: Son muchos días sin trabajo.

NACHO: Y ahora lo que faltaba: que vuestra madre se dé el bote.

AGUSTINILLO: *(Saliendo detrás de ellos)* ¿Se estará quedando mudo?

JUAN: ¿Y su hija?

ABUELA: *(Que acaba de echar agua en una palangana que ha colocado encima de una silla)* Ya tié billete. Compréndela, lo hace por el bien de todos. *(Juan se refresca varias veces el cogote)* En esta casa hace falta dinero: Hay niños. ¿Es que no lo comprendes? A tu hija . . .

JUAN: *(Irguiéndose)* ¿Qué pasa con mi hija?

ABUELA: Han empezao a mirarla con ojos de deseo.

JUAN: *(Violento)* ¿Quién la mira así?

ABUELA: ¿Qué más da quién . . . ?[2] Los hombres. Tú mismo si no fuera hija tuya. ¡Y es mala compañera el hambre,

[1] *Parece ido,* "He seems a bit 'gone' ".
[2] *¿Qué más da quién . . . ?,* "Does it matter who?"

Juan! Pero ¿y tú? ¿Es que no te fijas en ti? Estás criando
mala sangre. Y ya no es fácil el estar a tu lao. (*Juan se
seca el cogote con una toalla*) Cuando la Lola se fue al
Rastro a comprar la camisa, ¿cómo iba? Tampoco te
fijaste. Claro: ya estás hecho a verla sacrificá: aquí se ha
hecho costumbre la miseria. ¡Sin una lágrima, Juan!
¡Sin una lágrima fue a comprar la camisa! ¡Te juro que
nunca la vi tan dura! En mis tiempos, cuando ocurrían
cosas así, lloriqueábamos un poco y muchas de las penas
se nos ahogaban en las tazas de tila.[1] Hoy el tiempo no
tiene alma, no admite tangos. O luchas o te acogotan.
Yo, te digo mi verdad, preferiría que te marcharas tú y no
la Lola; pero tampoco hay que hacer aspavientos porque
ella sea la que agarre el tren. (*Pausa*) La acompañarás a
la estación, ¿verdá? Su mayor alegría hubiera sido que
esa camisa que está tendida ahí fuera no se hubiera
desgastao tan inútilmente. Cada vez que la lavaba, cada
vez que la planchaba, ¡a mordiscos se destrozaba los
labios! Y sin darse cuenta—¡tuve miedo, hijo!—, repetía
las palabras que, según tú, te daba el secretario del
patrón: "Discúlpele. Tenga usté la amabilidad de volver
otro día. Hoy está muy ocupao . . ." Juan: ¡No la hagas
sufrir más!
(*Fuera se enciende el farol*)
JUAN: Si yo me fuera, abuela, sería un fracasao. Y yo no he
fracasao: ¡le juro que yo no he fracasao! Y si ella se
va . . . (*Pausa*)
ABUELA: Volverá, Juan.
JUAN: Claro que volverá. ¡Pero porque yo me quedo aquí! (*Va
hacia la puerta y sale de la chabola. Hace un instante que el Tío
Maravillas he entrado por el fondo izquierda, vestido de riguroso
luto, derrotado. Va a pasar de largo, sin ver a Juan. Éste le
saluda*) Buenas noches, Tío Maravillas.

[1] *Tila* is a medicinal drink.

Tío Maravillas: (*Se para y se vuelva hacia Juan. En tono grave, sentencioso, anormal, le dice*) Malas y solas, Juan. ¡Malas y solas!¹

Juan: ¿Le apetece un vasito?

Tío Maravillas: (*Grotesco, extraño*) ¡Le apetece un vasito! . . . ¡Siempre lo mismo!

Juan: ¿Y los globitos? Ya no . . .

Tío Maravillas: ¿Ya no qué? . . . (*Ausente*) El arco-iris es pura filfa. ¡No existe!

Juan: ¿Qué dice usté?

Tío Maravillas: ¡Soy un estafador, Juan! ¡He estafao a tos los chavales del barrio! . . . ¿Te has fijao en la mirá de un chavea cuando descubre por primera vez los globos? ¡Impresionante, Juan! Miran preñaos de fe² los mocosos como si en este puñetero mundo to estuviera bien hecho. Les bulle la alegría en los ojos y te hacen creer que . . . ¡la madre que los parió!³ (*Ríe, nervioso, desquiciado*) ¡Un estafador! ¡Soy un estafador!

Abuela: (*Que ha salido de la chabola, atraída por la risa del Tío Maravillas*) ¿Se encuentra usté mal? ¿Necesita algo?

Tío Maravillas: Asesinar los globos, abuela. ¡Asesinarlos!

Abuela: Acompáñalo, Juan. Llévalo a casa.

Tío Maravillas: ¿Qué dices, abuela? ¿A qué casa? ¿Dónde está la casa?

Juan: (*Cogiéndolo*) Ande, vamos a dar una vuelta los dos.

Tío Maravillas: (*Grotesco*) Una vuelta, dos vueltas, ¡y vengan vueltas! (*Ríe, amargo*) ¿Y alrededor de dónde? . . . (*Señalando el suelo*) ¿Alrededor de aquí?

Juan: Vamos, le acompaño a donde usté quiera.

---

¹ *Malas y solas.* Tío Maravillas' reply to Juan's "good-night" is that it is a bad one and a lonely one.

² *preñaos* (=*preñados*) *de fe*, "full of credulity".

³ *la madre que los parió.* A vulgar expression. To praise or condemn people it is common to refer to their mother, as the person responsible for bringing them into the world.

Tío Maravillas: Al mismo sitio, hermano. Pero quieto, quietecito, ¿o acaso crees que ahora estamos paraos? Los pies no dejan de caminar. Siéntate y es igual. Túmbate y es igual. Lo demás son globitos.[1] (*Pregonando*) ¡Pal nene! ¡Pa la nena! ¡Pal filósofo también! (*Cambiando de tono*) No existe, ¡el arco-iris es pura filfa! (*Yéndose con Juan por el lateral derecha*) Tos los globitos son negros. ¡Negros! ¡Negros!

(*La abuela, que los ha seguido hasta el centro de la calle, miran cómo desaparecen y se vuelve. La señora Balbina, que se ha asomado al corredor atraída por las voces, le pregunta*)

Balbina: ¿Pasa algo, abuela?

Abuela: Na, el Tío Maravillas. Lo van a tener que atar. Al pobre hombre se le metío en la sesera que tos los globitos están de luto. ¡No creas que la ocurrencia![2]

Balbina: La muerte de la Julia lo ha trastornao.

Abuela: Pero, mujer, ¡si la Julia llevaba años siendo un cadáver!

Balbina: Sí, pero un cadáver vivo, abuela. ¡Y eso tira lo suyo![3] ¿Y la Lola? ¿Con la maleta hecha ya?

Abuela: Todavía no; pero poco tié que meter. Tengo que subir a ver a la María. ¿Cómo sigue?

Balbina: Parece que mejor. ¡También el Ricardo![4]

Abuela: Tós, Balbina, tós. A veces me dan miedo. No me gusta ver a los hombres así. Empiezan con las broncas caseras y nunca sabes dónde pueden acabar. ¿De cuántos meses estaba la María?[5]

Balbina: Andaba en el segundo.

Abuela: En fin, un alcohólico menos. (*Camina hacia la puerta de la chabola. Al lado de la camisa tendida se para*)

---

[1] *Lo demás son globitos. Globitos* is now the equivalent of "lies".
[2] *¡No creas que la ocurrencia!*, "What an idea!"
[3] *¡Y eso tira lo suyo!*, "And that pulls the heart-strings a lot!"
[4] *¡También el Ricardo!*, "Just imagine, that Richard . . . !"
[5] *¿De cuántos meses estaba la María?*, "How many months pregnant was María?"

BALBINA: Ella estaba muy ilusioná.

ABUELA: No me lo explico. Si yo estuviera en edad de parir . . .
¡Que no, vamos! ¡Que yo no traía un hijo a este barrio![1]

BALBINA: Eso lo dice usté porque ya está chocha. ¡Que se le
levantaran los pechos y veríamos! Además la Lola qué: ¿es
de trapo?[2]

ABUELA: Eran otros tiempos, Balbina.

BALBINA: Claro, los de su juventud: ¡Y con qué aire debieron
sonarla a usté los tacones![3]

ABUELA: (Fijándose en la camisa y tocándola) ¿Pero qué le ha
pasao a esta camisa? ¡Vaya un desgarrón!

BALBINA: ¡Qué barbaridad! ¡Condenaos críos! ¡Es pa
matarlos!

ABUELA: Por un lao han hecho bien. Entre lavaos, planchaos
y zurcíos, llevaba lo suyo la pobre.[4] En fin, dos trapos de
cocina saldrán.

BALBINA: Cuando vivía mi marido, una de las camisas que le
compré le duró cinco años. Y no crea usté que se la puso
pocas veces. Él decía que era como su propia piel.
Cuando se la cosía, exclamaba: ¡anestésiala bien, no me
vayas a hacer daño!

ABUELA: ¡Anda y que no eres exagerá![5] Según tú (señala la
camisa) a ésta hay que enterrarla, ¿no?

BALBINA: No se lo tome a chunga. Yo le digo a usté que las
ropas del pobre se humanizan.

ABUELA: ¡No me hagas llorar, Balbina! ¿Quieres que le
coloque cuatro cirios a ésta (señala otra vez la camisa) y
comenzamos el velatorio?

---

[1] *¡Que yo . . . barrio!,* "I wouldn't have a child for it to live in this neigh-
bourhood".

[2] *¿Además . . . de trapo?,* "Anyway, what's Lola made of?"

[3] *¡Y con qué aire . . . tacones!,* "How proudly you must have stepped out in
your high heels!"

[4] *llevaba lo suyo la pobre,* "the poor thing had been through plenty already".
See note 3, page 91.

[5] *y que no eres exagerá* (=exagerada), "you don't half exaggerate!"

BALBINA: Chunguéese, que no le vale. ¡Ni que una no estuviese enterá de la historieta del cuello duro! Huele eso a romántico que apesta.[1] Mire usté, abuela: las sábanas de mi noche de bodas están más vivas que yo. ¡Y han bregao lo suyo, eh? Cuando me quedé sola las retiré a descansar y sólo las espabilo en algún aniversario. Y to hay que decirlo. ¡Alguna lagrimita me sacan las condenás! Y es que he pasao muy buenos ratos encima de ellas.

ABUELA: ¡Y malos, Balbina!

BALBINA: Pues sí, señora, ¡y malos! ¡Como que la vida da y exige! Bueno, a otra cosa. Le he hecho unas empanadillas a la Lola pa que se las coma a mi salú[2] en el viaje. Luego se las bajo. Son de carne picá. ¿Cree usté que le gustarán?

ABUELA: Como gustarle, sí. Lo que pasa es que la van a pillar el estómago desacostumbrado. A mí la carne me da hipo; pero se me quita al ver el precio.[3]

BALBINA: (*Riéndose*) ¡Qué cosas tiene! Las he hecho con carne picá del supermercao: O qué se ha figurao usté: ¿que soy don Carlos March?

ABUELA: Don Juan,[4] Balbina. Don Juan. (*Husmeando*) ¿Se quema algo?

BALBINA: (*Metiéndose apresuradamente, exclama*) ¡La leche! (*La abuela inspecciona un poco la camisa. De la tasca sale el tabernero*)

SR. PACO: ¡Mala está la prenda!

ABUELA: (*Dejando la camisa*) ¡Mala, pero muy honrá!

SR. PACO: ¿Hay quien lo dude?

---

[1] *Chunguéese . . . que apesta*, "It's no good you laughing. As if I didn't know all about your stiff collar! That's too sentimental for words."

[2] *pa* (=*para*) *que se las coma a mi salú* (=*salud*). One usually drinks to someone's health, saying "*A su salud*". It is Balbina's way of saying that she is giving Lola something to make her think of her friend on the journey.

[3] *se me quita al ver el precio*. A fright is the universal cure for hiccoughs.

[4] The late Don Juan March was supposed to have been the richest man in Spain. On his death he made provision for the *Fundación March*, a sort of Nuffield Foundation, to finance research.

ABUELA: Por si acaso.

SR. PACO: Usté no me tiene mucha ley, ¿eh, abuela?

ABUELA: Si usté lo dice.

SR. PACO: No lo digo, ¡lo palpo! ¿Y por qué?, me pregunto. (*La abuela se le queda mirando*) Uno está sembrao de buenas intenciones.[1] ¿Se va Lola, no? (*La abuela sigue mirándole sin contestar*) Pué que tenga suerte y pué que no. Ya sabrá usté que la cosa por allá anda un poco achuchadilla.[2] ¿Lo sabe o no? (*Pausa*) El Juan no trabaja y una chapuza de vez en cuando no es solución. Mi señora apenas pué con su cuerpo y he pensao que si Lolita . . . (*La abuela se da la vuelta y va a entrar en la chabola*) Escúcheme, abuela. (*La abuela entra y él la sigue hasta la puerta*) ¡Podría ser la solución . . . ! (*La abuela le corta de un portazo. Él, rabioso, desfoga despectivo*) ¡Muertos de hambre! (*Hace un instante Juan ha entrado por el lateral derecha y ha oído la exclamación. Seguro, firme, se dirige hacia el señor Paco, que está de espaldas. El tabernero, al volverse, lo descubre y, un poco nervioso, le dice*) ¿Te has enterao de lo del Ricardo? ¡Ese muerto de hambre . . . ! De una paliza le ha provocao un aborto a la María. (*Gritando hacia los corredores*) ¡Muerto de hambre! (*Juan, que trae las manos en los bolsillos, las saca. El tabernero cree que el movimiento es para pegarle y, de modo instintivo, se echa para atrás, Juan, fríamente, le dice*)

JUAN: ¡Muertos de hambre! (*Agarrándole de las solapas y como escupiéndole*) ¡Pero usté está muerto de miedo! (*Lo echa hacia la taberna. El señor Paco hace intención de revolverse. Pero termina metiéndose rápidamente en la taberna. Juan llama en la puerta de la chabola.*) Soy Juan, abuela. (*La abuela abre. Juan entrando*) ¿Qué ha pasao?

ABUELA: Lo de siempre, hijo. ¡Que a perro flaco . . . ![3]

---

[1] *Uno está . . . intenciones*, "I am full of the best of intentions".

[2] *la cosa . . . achuchadilla*, "things there are a bit dicey".

[3] *¡Que a perro flaco . . . ! (. . . todo son pulgas)*, "Kick a dog when it's down".

JUAN: ¿Qué quería ése?

ABUELA: Na: Se me ha puesto a tiro y le he soltao tres frescas, eso es to.

JUAN: ¿Es que la ha insultao? . . . ¡Diga!

ABUELA: Es que es un tipo que me asquea y delante de él se me va la lengua.

JUAN: ¡Maldito acoso! Un día . . .

ABUELA: ¡Cálmate, hijo! Ya no puede tardar la Lola y no quiero que te vea alterao. (*Juan se sienta. Los codos sobre las rodillas, entrelazadas las manos y la mirada fija en el suelo. La abuela acaba de colocar en una caja de cartón comida para Lola.*) Le he puesto una buena tortilla de patatas, unos trocitos de pescao frito, pan y manzanas. Pal primer día tiene.[1] Luego ya comprará ella algo. ¿No te parece? (*Pausa*) Si crees que es poco, puedo acercarme a por algo de queso. Con la mitá de cuarto de manchego, arreglao; ¿te parece o no? (*Pausa*) Claro que ella no es de mucho comer. Es capaz de volver de Suiza con la tortilla. (*Cambiando el tono*) Ha sufrío mucho, Juan; si la dejas marchar sin una sonrisa tuya, la apuñalas. Me acuerdo cuando os casasteis. ¡La alegría con que salisteis de la iglesia! Lloré como un tonta. Y tú, reventabas de gozo. ¡Y qué guapo estabas, condenao! (*Pausa*) Mira, una cosa es cierta: que to el que nace, palma. Tú, la Lola . . . No hay cristo que se escabulla de la gran arruga final.[2] Sabiendo esto, ¿vas a consentir que la Lola se vaya de mala manera? Lee los periódicos. Todos los días pasa algo. Si a mí se me hubiera ocurrido pensar que al final de mi Anselmo había un cadáver, algunos de los recuerdos que me mordisquean el alma no existirían. Y vamos, la vida que estáis llevando la Lola y tú no es como pa que les deis pie a los posibles remordimientos. (*Pausa*) Qué, ¿voy a por el queso?

---

[1] *pal* (*para el*) *primer día tiene. Bastante* is understood.

[2] *No hay . . . final.* Another metaphor or euphemism for death. Nobody (*ningún cristo*) can escape it.

(*Pausa*) Juanillo, hijo; ella se va un poco asustá. ¿Te crees que si no fuera por el Agustinillo y la niña . . . ? ¡Y por ti, muchacho! ¡Y por ti! Teme que un día explotes, que se te revienten las venas y salpiques de sangre. Ella busca la paz.

JUAN: (*Irguiéndose*) ¿Y yo qué busco, abuela?

ABUELA: Pero, hijo, la paz puede estar en tos los laos.

JUAN: 'Sí. Pero, pa nosotros, primero debe estar aquí.

ABUELA: Bueno, ¿voy a por el queso o no?

JUAN: Haga lo que usté quiera.

> (*Por el fondo de la calle aparecen Nacho y Agustinillo, saltando a pídola. Detrás de ellos viene Lolita. Agustinillo se agacha y Nacho, al saltar, exclama*)

NACHO: ¡Media con lique![1] (*Le da un buen lique en el trasero. Agustinillo se incorpora, llevándose una mano a la parte dolorida. Con Nacho agachado, salta a su vez y le pega un fuerte golpe con el pie, que hace que Nacho se incorpore, llevándose las dos manos al trasero, y exclame*) ¡Tu padre!

LOLITA: ¡Qué brutos sois!

NACHO: ¡Me ha baldao!

AGUSTINILLO: Y tú, ¿qué?

LOLITA: Los chicos sois unos bestias.

AGUSTINILLO: ¿Qué quieres, que juguemos a las comiditas?

NACHO: Venga, ¡agáchate, que me toca!

AGUSTINILLO: ¡Se va a agachar tu . . . ![2]

NACHO: (*Enfrentándose con él*) ¿Mi qué?

AGUSTINILLO: (*Dándose la vuelta con desplante*) ¡Olvídame!

LOLITA: Déjalo, Nacho.

AGUSTINILLO: Oye, niña, ¿por qué no te las das?

NACHO: Te estás volviendo muy farruco tú.

AGUSTINILLO: ¡Porque se puede, cuñao!

---

[1] *¡Media con lique!* Boys playing leapfrog often shout this as they jump over each other's backs, kicking at the same time.

[2] *¡Se va a agachar tu . . . !* *Padre* or *madre* is understood.

NACHO: (*A Lolita*) ¿Le sacudo? (*A Agustinillo*) ¡un día te apago los humos,[1] chaval!

AGUSTINILLO: ¡Le echas tú muy mal carbón a la vida pa que no te humé![2]

LOLITA: Ni caso,[3] Nacho. ¡Es un tonto!

AGUSTINILLO: (*Burlón y afeminado*) ¡Ay, mira tú! ¡Lo dijo la Blasa y to dios a casa![4] (*Viril*) ¡Amos, chica!

(*Sale la abuela de la chabola y exclama, dirigiéndose a Lolita*)

ABUELA: Nena. (*Le alarga dinero*) Toma, y dile al Casimiro que te dé la mitá de cuarto de queso manchego. Hala, espabila.

(*La abuela se mete de nuevo en la chabola. Lolita, que ya está a punto de salir por el fondo, se vuelve y pregunta, dirigiéndose a Nacho*)

LOLITA: ¿Me acompañáis?

NACHO: Yo voy.

(*Intenta salir, pero Agustinillo lo sujeta y le echa hacia atrás*)

AGUSTINILLO: Vete solita, guapa. ¡Qué pelma! Deja un ratito a los hombres solos, ¿quieres?

NACHO: (*Yendo nuevamente hacia ella*) Yo te acompaño.

AGUSTINILLO: (*Enfrentándose con Nacho*) Si vas tú, voy yo.

NACHO: ¡Maldita sea! (*Amenazador*) ¡Pero . . . ! (*Definitivo*) ¡Es mi novia!

AGUSTINILLO: (*Definitivo también*) ¡Es mi hermana!

NACHO: ¿Y qué?

AGUSTINILLO: ¿Qué? ¡Que las manitas, supervisás por mi menda, tocón![5] ¡Que eres un tocón!

---

[1] *¡un día . . . humos!,* "one of these days I'll take you down a peg or two". *Humos* are the airs people give themselves.

[2] *¡Le echas . . . te humé* (=humee)*!* This means that Nacho's way of treating people is bound to produce an unfriendly reaction. This retort is made more biting by the play on the words *humo* and *humear*.

[3] *Ni caso.* This is short for *No le hagas ni caso*, "Take no notice of him".

[4] *¡Lo dijo . . . casa!* Agustinillo is ringing the changes on the well-known saying *Lo dijo Blas y punto redondo.* (*Blas* becomes *Blasa* to make fun of his sister.) The idea in both cases is that whatever Blas(a) says must be done.

[5] *¡Que las manitas . . . tocón! Mi menda* = myself. Agustinillo says that he is going to keep an eye on Nacho's wandering hands.

NACHO: ¿Que yo . . . ?

AGUSTINILLO: ¡No, yo! ¡Que no vendo las iguales, chalao![1] Y ahora me explico por qué me sacudes los liques con tan mala uva. (*Empujando a Lolita hacia la salida*) Venga, tira, que está esperando el Casimiro.

LOLITA: (*Saliendo*) ¡Vaya hermanito!

AGUSTINILLO: (*Abrazando, guasón, a Nacho*) ¡Me adora, Nacho! ¿Y tú?

NACHO: (*Echándole hacia fuera*) ¡Tira pa' lante, so vaina!

(*En la chabola*)

ABUELA: (*A Juan*) Se le está echando el tiempo encima.[2] ¿Por dónde andará? (*A Juan, que se levanta y camina hacia la puerta*) ¿Te vas? (*Tratando de detenerle*) ¡Escucha, Juan! ¡No te vayas! ¡La Lola . . . ! (*A Juan, que sale*) ¡Juan, hijo . . . ! (*Sola*) ¡Qué vida ésta!

(*Juan se dirige hacia el fondo de la calle. Cuando va a salir por la derecha aparece Luis, que viene corriendo, y le dice, en tono entusiasta*)

LUIS: ¡Catorce resultaos el Lolo! (*Yendo hacia la puerta de la taberna, vocea*) ¡Señor Paco! (*Vuelve hacia Juan y recalca*) ¡Y sólo tres máximos acertantes! (*Al ver que Juan desaparece, sin hacerle caso, vuelve hacia la tasca, murmurando*) ¡Ni caso! ¡Vaya un tío! (*Hacia el interior de la tasca*) ¡Señor Paco!

SR. PACO: (*Saliendo de la tasca*) ¿Pero qué pasa?

LUIS: ¡La intemerata,[3] señor Paco! ¡El Lolo se nos ha pasao al otro bando![4]

SR. PACO: ¿Qué dices?

LUIS: Na: ¡solomillo tos los días! ¡Cuarto de baño! ¡Calefacción! ¡Gachises con ropa interior d'esa que da repeluznos!

---

[1] *¡No, yo! . . . chalao!* (=*chalado*), "It wouldn't be me, would it? I'm not blind, you know!" *Las (participaciones) iguales* are the lottery tickets sold by the blind.

[2] *Se le está . . . encima*, "Time is running short".

[3] *La intemerata*, "The impossible has happened".

[4] *¡El Lolo . . . bando!*, "Lolo has gone over to the other side", i.e. he now belongs to the "haves" as opposed to the "have-nots".

Pero, sobre todas las cosas, ¡el respeto del patrón! Qué,
¿no es na un boletito con catorce aciertos?

Sr. Paco: ¿Catorce? ¿Pero cuántos . . . ?

Luis: ¡Sólo tres! ¡Tres máximos acertantes! Mire usté, señor
Paco: el día que yo chute y marque los catorce tantos que
se ha marcao el Lolo, agarro a la parienta y a los cinco
chaveas y me largo a Málaga.[1] (*Estirando los brazos,
desperezándose*) ¡Un año tumbao en la arena y a la
orillita del mar! . . . Bueno, voy a seguir dando el
notición.

Sr. Paco: Más de uno se va a cabrear.

Luis: (*Yéndose*) Peor pa él. ¡Que se pudra, si ése es su gusto![2]
Hasta lueguito. (*Saliendo por el fondo izquierda*) ¡El Lolo es
millonario!

(*El tabernero se queda quieto, con la mirada fija en el lateral por
el que acaba de salir Luis. Por el fondo de la calle, con una
maleta de segunda mano, aparece Lola. Al pasar por delante del
señor Paco se para y parece que le va a decir algo. Luego, muda,
sigue hacia la chabola. El tabernero se mete en la tasca*)

Lola: (*Entrando en la chabola*) Hola, madre. ¿Y Juan?

Abuela: No sé, hija. Supongo que estará al llegar.

Lola: He recorrido medio Madrid pa encontrar esta maleta.

(*Deja la maleta sobre la mesa. La abuela la abre.*)

Abuela: (*Inspeccionándola*) No es muy allá.[3]

Lola: No había pa más.[4] ¿Pero no ha estao aquí después de
irme yo?

Abuela: (*Yendo por un trapo*) Habrá que limpiarla un poco.

(*Vuelve con el trapo y se pone a limpiar la maleta*)

Lola: Este hombre me va a dejar ir más amargá de lo que
estoy. ¿Cuándo se marchó?

Abuela: Al poco de irte tú.

[1] *y me largo a Málaga*, "and I'd be off to Malaga" (a popular holiday resort).

[2] *¡Que se pudra, si ése es su gusto!*, "Let him fry in hell for all I care".

[3] *No es muy allá*, "That's not much cop, is it?"

[4] *No había pa* (=*para*) *más*, "I had no money for anything better".

LOLA: ¿Y no dijo dónde iba?

ABUELA: ¿Es que dice algo alguna vez?

LOLA: Estoy tentá de quedarme. ¡Me da miedo dejarle así! (*Repentina*) Madre: ¡escríbame tos los días, se lo ruego! Cuénteme lo que hace Juan, lo que hacen los niños. ¡Y cuídemelos mucho, madre!

ABUELA: Cuidarlos, sí. Pero en cuanto a escribirte ... ¿Sabes cuánto vale un sello pa ese país? ¡Un duro! ¡Veinte reales, hija!

LOLA: Del primer dinero que envíe reserva usté pa las cartas. (*Suplicante*) ¡Que no me falten! ¡Las necesito!

ABUELA: (*Cambiando*) Bueno, que el tiempo apremia.

LOLA: Hay de sobra, no me atosigue.

ABUELA: Las gentes de hoy tenéis una cachaza pa eso de los trenes ... ¡No me explico cómo no los perdéis! La comida te la he colocao en esta caja. He mandao a la niña por mitá de cuarto de queso ...

LOLA: ¡Le he dicho que no gastase ni un céntimo más en mí!

ABUELA: Hija, ¡que no es a Cuenca donde te vas!

LOLA: Llevo comida de sobra. ¿Qué quiere, que la tire por la ventanilla? Hoy, el extranjero está a un paso.

ABUELA: (*Un poco dolida*) ¡No me regañes ahora!

LOLA: ¡Estoy desesperá! ¡No es posible que Juan me haga esto!

ABUELA: Ya verás cómo llega de un momento a otro. Él es bueno.

LOLA: Pero está desquiciao. No está en sí, madre.

ABUELA: Vendrá. El dolor lo traerá. Anda, tranquilízate. (*Pausa*) Te cenas unos trocitos de pescao, algo de queso y una manzana. Lo que no te he comprao ha sido vino. Iré por medio litro, ¿quieres?

LOLA: (*Va hacia el armario y lo abre*) Con una botella de agua tengo suficiente.

(*Balbina sale de la casa de los corredores y avanza hacia la chabola. Trae un pequeño paquete.*)

ABUELA: ¡Agua de Lozoya!¹ La vas a echar de menos, hija. Dicen que es la mejor del mundo. Y yo creo que no exageran.

BALBINA: (*En la puerta*) ¿Se puede entrar? (*Dentro*) Lola, aquí te traigo unas empanadillas que me han salío de rechupete. Cómetelas cuando pases la frontera; ¡verás cómo lloras!

ABUELA: (*Chungona*) ¡Ni que fueras la cocinera de algún pez gordo!

LOLA. (*A Balbina*) Muchas gracias por to, señora Balbina. Es usté muy buena.

BALBINA: Corrientita, hija. Lo poco que sé de bondá me lo han enseñao otras. Y te advierto que, como discípula, no soy muy aventajá. Y cambiemos el disco, que unas empanadillas no dan pa tanto.²

LOLA: Bien sabe usté que no se lo digo sólo por eso.

BALBINA: ¿A que la que lloro soy yo?

ABUELA: Pues era lo único que nos faltaba.³

BALBINA: ¿Es que pasa algo? (*A Lola*) ¡Alegra esa cara, mujer! ¡Que el mundo se ha quedao sin distancias! Ya el único viaje largo es el último.

ABUELA: ¿Cuál, Balbina?

BALBINA: Ese en que se crían malvas. No hay ninguno como él. ¿Y sabe usted por qué? ¡Porque no admite empanadillas!

ABUELA: Pues sí que vienes tú hoy . . .⁴

LOLA: ¡Cállense! ¡Por lo que más quieran!⁵

BALBINA: (*Acercándose a la abuela*) ¿Qué sucede?

---

¹ *¡Agua de Lozoya!* This refers to ordinary Madrid water, of which its inhabitants are justly proud. Water from the Lozoya river was first piped to Madrid in 1858.

² *unas empanadillas no dan pa* (=*para*) *tanto*. This has the same meaning as *No es para tanto*, "It's nothing to speak of".

³ *Pues . . . faltaba*, "That would be the last straw".

⁴ *Pues sí . . . hoy . . .*, "You are in a fine mood today!"

⁵ *¡Por lo . . . quieran!*, "For crying out loud!", "For Heaven's sake!"

ABUELA: Juan. Teme que no venga a despedirla.

BALBINA: No le conocéis. Ése es de ley. (*A Lola*) Puedes hacer la maleta tranquila.

(*Por el fondo derecha entran Lolita, Nacho y Agustinillo. La siguiente escena se desarrolla simultáneamente entre éstos y las que están en la chabola haciendo la suya.*)

LOLITA: (*Entrando, a Nacho*) A la abuela le eres simpático.

NACHO: (*Rápido*) Sí, pero tu madre . . .

BALBINA: Las dos manos en el fuego pongo yo por tu marido.

AGUSTINILLO: A nuestra madre también, chalao. Lo que pasa es lo que pasa.[1]

BALBINA: Teme más bien que cuando te dé el abrazo de despedida no te suelte.

LOLA: Pero ¿qué hace, señora Balbina? ¿Dónde está?

AGUSTINILLO: (*A Nacho, empujándole hacia la chabola*) ¡Venga, entra!

NACHO: ¡No, no!

BALBINA: Andará callejeando.

NACHO: Yo espero a que se lo digáis.

BALBINA: Quitándole tiempo a la despedida pa no hacerla insufrible.

LOLA: Eso es cruel.

LOLITA: Pero no te vayas, ¿eh?

BALBINA: Sí, mujer. Pero ninguno de los dos tenéis la culpa.

AGUSTINILLO: ¡Qué se va a ir! ¡Menudo lagartón![2]

LOLITA: (*Entrando en la chabola*) Hola, señora Balbina.

ABUELA: (*Cogiendo el paquetito de queso que le alarga Lolita*) ¿Es mitá de cuarto?

AGUSTINILLO: Sí, abuela. Esta vez no se ha comido ná.

LOLITA: Madre . . . (*Lola, que anda en el armario, del cual ha ido*

---

[1] *Lo que pasa es lo que pasa*, "What happens is . . . well, the usual". He means that parents are always very wary about their daughters' boyfriends.

[2] *Qué se . . . lagartón!*, "Of course he is not going to go away. He's far too clever for that."

*sacando prendas y dejándolas encima de una silla que está al lado
de la maleta, se queda mirando a su hija*) Madre . . . Fuera
está Nacho.

LOLA: ¿Qué quiere?

LOLITA: Dice que le gustaría despedirse de ti. ¿Le dejas
entrar?

LOLA: Sí, hija. Dile que entre.

(*Le dice esto después de mirarla un instante comprensivamente*)

LOLITA: (*Rápida, va alegremente a la entrada y exclama, dirigiéndose
a Nacho*) ¡Ha dicho que sí! ¡Pasa, Nacho! ¡Que sí!

(*Nacho, indeciso, no entra. Agustinillo, empujándole, le obliga*)

AGUSTINILLO: (*Chungón, a Nacho*) ¡Venga!

NACHO: (*Ya dentro de la chabola*) Buenas tardes, señora Lola.

ABUELA: ¿Y los demás, qué?

NACHO: Dispensen. Es que estoy un poco . . . (*Desde la puerta,
Lolita le empuja hacia su madre. Nacho, al lado de Lola*)
¡Que tenga usté un buen viaje, señora Lola! (*Le alarga
la mano*)

LOLA: (*Estrechándole la mano y acariciándole la barbilla*) Gracias,
hijo.

NACHO: (*Alegre, pero tímido*) ¡Y suerte, señora Lola! ¡Mucha
suerte!

(*Mientras se ha desarrollado esta escena, la abuela le ha dicho
algo al oído a Agustinillo. Éste hace señas a Lolita para que le
siga. Salen. Detrás de ellos, impresionado por la acogida de
Lola, sale Nacho*)

AGUSTINILLO: (*En el solar*) Hay que buscar a padre. Cada uno
iremos por un lao.

LOLITA: (*Rápida*) ¡Yo me iré con Nacho!

AGUSTINILLO: No, tú . . .

NACHO: (*Cortando*) ¡No va a ir sola a estas horas!

AGUSTINILLO: (*Después de mirarlos un poquito*) Está bien, pero . . .
(*Viéndolos salir por el fondo derecha*) ¡Cuidadito!, ¿eh?
(*Sale por el lateral derecha. Nacho y Lolita se han ido, cogidos de
la mano y riéndose*)

BALBINA: (*A Lola*) Te deseo todo el bien de este mundo, Lolilla. ¡Eres una gran mujer! (*Lola está preparando la maleta*) Y ya le he dicho a la abuela que yo como si fuera tú.[1] ¡Te juro que me siento honrá ayudándote en to lo que pueda! (*En un arranque, conmovida*) ¡Si yo fuera rica . . . !

LOLA: Lo es usté, señora Balbina. Tié usté mucho corazón.

BALBINA: Con corazón sólo no vale una más que pa la casquería[2] muchacha. ¡Y alegra un poquito esa cara!

(*Por el fondo derecha de la calle, ensimismado, aparece Juan*)

LOLA: ¡Cuánto la debemos, señora Balbina!

BALBINA: No seas boba, criatura. En cierta forma yo os cobro un gran precio: el de sentirme hermaná con vosotros.

(*Entra Juan en la chabola. Las tres mujeres le miran. Al fin Lola exclama*)

LOLA: ¡Hola, Juan!

(*Juan no contesta. Balbina, intencionadamente, le dice a la abuela*)

BALBINA: Entonces, ¿sube usté un momentito a verla, no?

ABUELA: (*Pescando la intención*) ¡Claro! ¡Claro! (*Siguiendo a Balbina hacia la salida*) ¡Pobre María! ¿Y dices que está fuera de peligro?

BALBINA: (*Ya en el solar*) Eso me parece a mí. Pero yo no soy el doctor Tortosa, que es al que habrá que avisar.

ABUELA: (*Siguiendo a Balbina, que se dirige hacia la casa de los corredores*) ¿Pero tienen pa pagarle?

BALBINA: Si no pueden pagarle, es igual; es un médico de verdá.

(*Entran en la casa*)

LOLA: Creí que no venías. (*Juan, mudo, se sienta*) Ya me queda muy poco tiempo. Dime algo, ¡te lo ruego! (*Le muestra un

---

[1] *yo como si fuera tú*, "I feel the same way as you do".

[2] *Con corazón . . . casquería.* She reacts to so much praise by saying that hearts as such are sold at the butcher's, i.e. kindness without the means to do something effective is useless.

vestido de colores vivos, alegres. Un vestido barato, ya algo pasado) ¿Te acuerdas? ... No había nacío el Agustinillo todavía. Un día, por San Isidro,[1] me llevaste al centro y me lo compraste. ¡Un sábado fue! Por la noche fuimos a la verbena y nos gastamos to el jornal, ¿te acuerdas? Y qué disgusto me llevé cuando, a orillas del Manzanares, me ensuciaste el vestido de barro. *(Pausa)* Ibas alegrillo, Juan. *(Por el lateral derecha entran Lolita y Nacho. Se les ve dichosos, enamorados. Se paran un momento en medio del escenario, se miran; él la enlaza por la cintura y así se pierden por el fondo de la calle)* Luego te reías mucho; te duró mucho tiempo la risa. Y es que algo hizo ruido, y te pregunté, un poco asustada: "¿Qué ruido es ése, Juan?" "¡Los peces, Lolilla! ¡Los peces!" Y eran ratas, ¡grandes como gatos! Si lo llego a saber en aquel momento, me muero.[2] *(Lola se ha acercado por detrás a Juan e, inclinándose sobre él, le ha rodeado el cuello con sus brazos. Él se yergue, rechazándola. Lola, brusca, se aparta y continúa metiendo prendas en la maleta. De pronto, le muestra una combinación y le pregunta)* ¿Tampoco te dice na esto? *(Juan no contesta. Lola le muestra otra prenda íntima)* ¿Ni esto? *(Juan se levanta y va hacia el fondo. Lola le muestra otra prenda más)* ¿Ni esto? *(Juan se vuelve hacia ella. Lola, cogiendo otra prenda íntima, se la tira a la cara y exclama violentamente)* ¡Ni na de esto! *(Juan, frenético, se lanza sobre Lola y, desesperadamente, la abraza. Ella le corresponde con igual intensidad. Una charanga —trompeta y tambor— irrumpe por el fondo de la calle. Traído en hombros por dos vecinos, aparece el Lolo, exclamando:)*

LOLO: ¡Bendita sea la madre que me parió! ¡Soy millonario!
(Por el lateral derecha, de un salto, aparece el Agustinillo. Detrás del Lolo y los dos vecinos que le traen en hombros vienen

---

[1] *por San Isidro.* Lola refers to St. Isidore's Day, 15th May. He is the patron saint of Madrid and his feast-day is a local holiday. There is usually a *verbena* in the evening, lasting into the night.

[2] *me muero,* "I would have died".

Lolita, Nacho y el Luis. De la taberna sale el tabernero y dos vecinos. Alguna vecina más se suma al jolgorio.)

LUIS: ¡Vivan las quinielas!

ALGUNOS: ¡Vivan!

LOLO: (*A los que le llevan*) ¡Al suelo, machos, que no tengo acostumbrá la rabadilla!

NACHO: ¿Qué pasa con la charanga?

LOLO: (*A los de la charanga*) ¡Eh, vosotros! ¡Venga ya, so vainas! ¡Adelante con la alegría! (*Los de la charanga rompen a tocar de nuevo el pasodoble con que han hecho su entrada en escena*) ¡A bailar se ha dicho![1]

SR. PACO: (*Bailando con una jovencita*) ¡Viva el señor Lolo!

TODOS: ¡Viva!

AGUSTINILLO: ¡Hala, hala! ¡Que la vida es corta!

SR. PACO: ¡Viva la juventud!

LOLO: (*Mientras los demás bailan, juega al toro con el Agustinillo. Dejando de jugar*) ¡Alto los de la murga! (*Cesa el jolgorio y todos atienden*) Venga, invito a to el barrio. A usté también, señor Paco.

LUIS: Pero no en su tasca, que es un sitio muy *tirao*.

LOLO: ¡A la cafetería de la vuelta, machos! (*Siguiendo a la charanga, todos, menos el Lolo y el Sr. Paco, salen por el fondo izquierda. El tabernero se mete en la tasca a ultimar algo. El Lolo se acerca a la puerta de la chabola y llama, insistentemente, con los nudillos*) ¡Juan! ¡Juanillo! ¡Lola! ¿Estáis ahí? (*Va hasta la puerta de la taberna y vocea hacia dentro*) Señor Paco, ¿sabe si hay alguien en casa del Juan?

SR. PACO: (*Desde dentro*) Sólo he visto salir a la abuela. La Lola tié que estar dentro.

(*Juan descorre la cortina*)

LOLO: (*Volviendo hacia la chabola*) ¡Pues debe haber palmao! (*Dando nuevos golpes en la puerta*) Lolilla, ¡ábrele al gachó de los millones! (*Juan abre. Entra el Lolo y, abrazándole, exclama muy alegre*) ¿Pero no os habéis enterao? ¡Soy . . . !

---

[1] *¡A bailar se ha dicho!*, "Come on, everybody dancing!"

(*Se corta al ver la maleta abierta y hecha encima de la mesa. De detrás de la cortina sale Lola. El Lolo, serio, le dice*) Lola, dile al Sebas que las cosas se me han arreglao. Dile que . . . ¡Que me quedo, Lola! ¡Que me quedo! (*Dándole la mano*) Mucha suerte y buen viaje. (*La luz de la tasca se apaga. Sale el Sr. Paco. Se da de cara con el Lolo, que viene de la chabola*) ¿Viene usté, señor Paco?

SR. PACO: Sí, vamos.

LOLO: (*Yéndose con el tabernero hacia el fondo*) Con ese dinerito, ¿sabe usté?, voy a montar una pequeña cafetería.

SR. PACO: Trátame de tú, Lolo. ¡Trátame de tú![1] (*Desaparecen por el fondo izquierda*)

(*Juan y Lola, al lado de la maleta ya cerrada, se miran frente a frente. Lola le acaricia un brazo. La abuela, que acaba de salir de la casa de los corredores, entra en la chabola y los sorprende. Emocionada, exclama:*)

ABUELA: ¡Benditos seáis, hijos!

JUAN: Abuela, vaya a por los chicos. Nosotros caminamos hacia el Metro.

(*La abuela se va por el fondo izquierda. Subrayando la escena, comienza a oirse la música con que finaliza el segundo acto. Juan coge la maleta y sale de la chabola. Se para un momento ante la camisa tendida en la cuerda del solar y, después de mirarla un instante, espera a Lola al lado del fondo derecha, dejando la maleta en el suelo. Lola, sola en la chabola, la recorre emocionadamente con la mirada. Con lágrimas en los ojos, acaricia la mesa y la besa. Luego, dirigiéndose a todo, exclama:*)

LOLA: De todos modos, ¡gracias!

(*Ya en la puerta, apaga la luz, cierra y sale. También se para ante la camisa. Pasa una mano por ella, como acariciándola. De pronto, de casa de María, surgen, desgarradoras, las siguientes exclamaciones:*)

MARÍA: No puedo. (*Angustiada*) ¡No puedo más!

---

[1] *¡Trátame de tú!* Señor Paco is now only too pleased to be on friendly terms with Lolo.

RICARDO: ¡María!

MARÍA: ¡Déjame!

RICARDO: ¡María! ¿Qué vas a hacer?

MARÍA: ¡He dicho que me dejes! (*Saliendo en camisón al corredor*) ¡Lola! ¡Lola! ¡Sácame de aquí! (*Sale Ricardo. Ella grita desesperadamente*) ¡Sácame de aquí! (*Sollozando, mientras Ricardo logra llevársela*) ¡Sácame de quí, Lola!

(*Lola arranca de prisa y, siguiendo a Juan, sale por el fondo derecha. Sobre la camisa, que queda como ahorcada, cae el*)

TELÓN

VOCABULARY

ABBREVIATIONS: *anat.*, anatomy; *aug.*, augmentative; *coll.*, colloquial; *dim.*, diminutive; *e.g.*, for example; *f.*, feminine; *fig.*, figurative; *m.*, masculine; *sl.*, slang; *tr.*, transitive.

Words of the same root and with similar meaning are included once only. Easily recognized and elementary words are excluded. Radical-changing verbs are indicated as follows: *poder(ue)*. In general, meanings are those in the play. The order of the Spanish alphabet has been followed, with *ch* following *c* and *ll* and *rr* after *l* and *r*.

a que ..., I bet ... ; **a ver si,** we'll see whether
ablandarse, to soften
el aborto, miscarriage
abrazar, to hug, to embrace
abrochar, to do up (one's buttons)
acá: el más acá, this world (as opposed to the next)
la academia, a private school (usually for trades, languages, etc.)
acariciar, to stroke
¿acaso ... ?, ... by any chance ... ?
accidentar, to injure
el aceite, olive oil
acercarse a, to go near; (coll.), to pop down (e.g. to the shop)
acertar(ie), to guess right (e.g. in football pools)
aclararse, to sort something out (in one's mind)
la acogida, welcome
acogotar (coll.), to kill with a blow on the neck; (fig.) to overwhelm
el acoso, relentless pursuit
la acritud, bitterness
acudir a, to go to

achuchado, hard pressed
adosado, clamped
advertir(ie), to warn; **te advierto que,** mind you
afincarse (coll.), to settle down
agacharse, to bend down
agarrar, to catch, to get hold of
agradecer, to thank for
el aguafiestas, spoil-sport, wet-blanket
aguantar, to endure, to put up with
ahogar, to drown
ahorcar, to hang
ahorrar, to save (money)
el aire, air; liveliness; **con qué aire,** how gaily
aislar, to isolate
el ala (f.), wing
la alacena, kitchen cupboard
alargar, to hand out; to extend (e.g. the arm); to make longer
el albañil, bricklayer
el alcance, reach; **al alcance de,** within the reach of
alegrillo, "tight"
alejado, distant
alejar, to push away
el aliento, breath

109

alisar, to smooth out

aliviar, to relieve

allá, el más allá, the next world

alterado, annoyed

alternar, to go out with, to be friendly with

alto, high; ¡alto!, stop!; **en alto,** loudly

alzar(se), to rise

la amabilidad, kindness; **tener la amabilidad de,** to be so good as to

amargado, embittered

ambientar, to set the atmosphere

amenazador, threatening

la americana, jacket

amos (coll.) = **vamos,** come on

ampliar el corro, to make room (for someone joining a group)

amplio, wide

anda, ande, come on

andar: often used for **estar:** ¿dónde andará?, where will he/she be?

andova (sl.), sharp, astute

angustiado, anxious

animar (tr.), to cheer up

el anís, aniseed

ante, before (fig.)

la antesala, waiting room (in an office, etc.)

antes de tiempo, too early

el anzuelo, hook, bait

apagar, to switch off; to fade away; **apagar los humos,** to shatter somebody's pride

el apaño, remedy

el aparato, (radio) set

aparentar, to look decent, to give a good impression

apartar, to put aside; **apartarse,** to get out of the way

apestar, to stink

apetecer, to fancy, to feel like

apoyarse en, to lean on

apremiar, to press (time)

apresuradamente, hurriedly

aprisionar, to imprison

aprovecharse de, to take advantage of

apuesto, spick and span

apuñalar, to stab; (fig.) to break one's heart

el arco-iris, rainbow

la arena, sand

la (sardina) arenque, salted sardine; also **el arenque**

armarla, to start trouble

el armario, wardrobe, cupboard

la armónica, mouth organ

la artesanía, craftsmanship

arrancar, to pull out; **arrancarse,** to start

el arrasque, impulse

arrancarse (coll.), to feel slighted, to get annoyed

arrear (coll.), to get a move on; to punch

arreglado, fixed, perfect

arreglar, to solve; to repair, to mend; **arreglarse,** to improve; **todo se arreglará,** everything will be all right

arrimar (tr.), to draw near, to bring near

arrojar, to throw

arrugarse, to get wrinkled

el asco, disgust; **dar asco,** to be disgusting

asegurar, to insure

asomarse a (por), to look out of

aspirar a, to aim at

asqueado, disgusted; fed up

asquerosa, repugnant

asustarse de, to be frightened of

atar, to tie up, to tie down

atascado, blocked

atascarse, to get stuck

atender, to pay attention

atiesarse, to become stiff

atizarse un lingotazo (coll.), to have a glass of spirits
atosigar, to harass
atragantarse, to stick in one's throat
atravesar, to cross over
avanzar, to go forward
aventajado, distinguished, bright, gifted
avisar, to let someone know; to call in (e.g., the doctor)
ayudar a, to help
azorado, embarrassed
azotable, worth slapping
azotar, to beat

la baba, dribble
balbuciente, thick (from drunkenness)
baldar, to cripple
balde: en balde, in vain
el balón, football
la bandeja, tray
el bando, side
la banqueta, stool
barbaridad: ¡qué barbaridad! how terrible!
a barbilla, chin
el barreño, zinc bath
el barrio, district
el barro, mud; earthenware
la bata, dressing gown
la bazofia, riff-raff
bendito, blessed
besar, to kiss
el bicho, insect or small animal; un mal bicho, a nasty creature
el bien, good; más bien, rather
el bigote, moustache; de bigote (coll.), enormous
bobo, foolish
el bocadillo, sandwich
la boda, wedding
el boleto, coupon (e.g. in football pools)

la bolsa, bag
la bombilla, lamp, bulb
la bondad, goodness
bordar, to embroider
borracho, drunk; drunkard
el bote: darse el— (coll.), to leave
brear (sl.), to whack, to thrash
bregar, to work
brincar, to leap
brindar, to toast (with wine, etc.)
la bronca, quarrel
bruto, coarse. brutal
buenas: por las buenas, just like that
bullir, to bubble
el bulto, lump
burlón, jokingly (to poke fun at)
busca: en busca de, in search of
butén (coll.), smashing, "fab."

cabrearse (sl.), to get annoyed
las cacerolas, pots and pans
el cacharro, pot
la cachaza, phlegm, slowness
el cachete, slap with the hand
el cacho (coll.), piece, lump
el cadáver, corpse
caer en la cuenta, to realize
el calcetín, sock
la calefacción, heating
el caletre (coll.), mentality
cálido, warm
el calzoncillo, underpants
callarse, to be quiet, to shut up
callejear, to roam the streets
cambiar, to change; cambiar de parecer, to change one's mind
caminar, to walk
la camiseta, vest
el camisón, night-dress
la cana, white hair
el canalla, scoundrel
las candilejas, limelight

el **cántaro,** pitcher
el **cante,** song, singing
el **capitoste,** boss
el **carbón,** coal
el **carcamal,** old dodderer
cargar, to load; **cargarse,** to put
on one's shoulders
el **cariño,** love, affection
la **carne picada,** mincemeat
caro, expensive
el **cartel,** notice, poster; **tener
cartel,** to be famous
la **cartera,** wallet
el **cartón,** cardboard
caso: hacer caso, to take
notice
la **casquería,** butcher's shop speci-
alizing in offal
el **cazo,** saucepan
ceder, to give in
cegarse(ie), to be blind with
fury
centrar, to pass the ball (football)
el **centro,** town centre
el **cerebro,** brain
el **cero,** nought
la **cerveza,** beer
cesar, to stop
la **cesta,** basket
el **cierre,** metal running shutter (of
a shop)
el **cinto,** belt
la **cintura,** waist
circular, to move about
el **cirio,** candle
la **cita,** appointment
citar, to mention; to quote
el **cobrador,** collector
cobrar, to get one's money; (tr.),
to charge
cocer(ue), to boil
la **cocinera,** cook
el **coco** (coll.), head
el **cochinillo,** sucking pig
el **codazo,** dig with the elbow

el **codo,** elbow
coger, to catch, to take; **coger
hincha,** to take a dislike
la **cogorza** (sl.), intoxication
el **cogote** (coll.), neck
el **colchón,** mattress
colgar(ue), to hang
la **colilla,** cigarette end
la **colocación,** job
colocar, to put, to place; **colo-
carse,** to get a job
el **colorín,** bright colour
la **columna (vertebral),** spine
(anat.)
los **comestibles,** foodstuffs
la **comida,** food; meal
las **comiditas: jugar a las
comiditas,** to make mud-pies
la **cómoda,** chest of drawers
comprensivo, understanding
el **concejal,** councillor
el **cónclave** (coll.), assembly, gath-
ering
condecorar, to decorate (with
medals, etc.)
condenado, damned
la **confección:** *see* **corte**
confianzudo, brash
conmovido, moved
conseguir(i), to get, to succeed
in
consentir(ie) to agree, to allow
el **conserje,** head porter
contener, to hold back
convertirse en(ie), to become
la **convivencia,** visitors
la **copilla,** dim. of **copa,** glass
el **corazón,** heart
la **corbata,** tie
el **cordón,** string
cortar, to cut; to stem; **cortarse,**
to stop talking
el **corte y confección,** dress-
making, tailoring
la **corteza,** crust; **corteza de
gorrino,** crackling

el **corredor,** outside passage, long balcony

correr la cortina, to draw the curtain

corriente, ordinary

la **costura,** needlework

la **criatura,** child

la **criada,** domestic servant

el **crío, la cría,** child, lad, lass

criar, to breed

cuanto: en cuanto, as soon as; **en cuanto a,** as regards

el **cuarto,** room; quarter (of a kilo); los **cuartos,** money

el **cubo,** bucket

el **cuchitril,** "hole"

el **cuello,** neck; collar; **cuello duro,** stiff collar

la **cuerda,** rope; clothes-line

cuestas: a cuestas, on one's shoulders

cuidar, to look after

el **culo** (coll.), backside

la **culpa,** guilt; fault

cumplir (años), to be . . . (years old)

el **cuñado,** brother-in-law

el **cura,** priest

la **chabola,** hovel

cháchara: de cháchara, nattering

chalado (coll.), screwy, crazy, "nuts"

la **chamusquina,** trouble

el **chaparrón,** heavy shower

la **chapuza,** odd job

la **chaqueta,** jacket

la **charanga,** small band

chato, term of endearment; **un chato de vino,** a glass of wine

el **chaval,** kid, lad

el **chavea,** boy, kid

chivarse (coll.), "to squeal"

chivato, tell-tale, sneak

chocho (coll.), senile, doting

la **chufa** (sl.), blow

el **chuleta,** dim. of **chulo,** spiv

la **chunga** (coll.), joking

chunguearse (coll.), to make fun of

chungón, jester

la **chupada,** suck, puff

el **chupito,** sip

chutar, to kick (a football)

dar, to give; to hit; **dar al diente,** to tuck in, to start eating; **dar contra.** to end up against; **dar el quedo,** to give the all clear; **dar ganas de,** to feel like; **dar gusto,** to give pleasure; **dar la espalda,** to turn one's back; **dar la mano,** to shake hands; **dar la vuelta,** to turn round; **dar la vuelta a,** to go round; **darle a uno la manía de,** to take to; **dar miedo,** to be afraid; **dar palique a,** to encourage to talk; **dar pie a,** to give cause for; **dar plantón,** to let someone down, not to turn up; **dar repeluzno,** to make one tingle all over; **darse a,** to turn to; **darse cuenta de,** to realize; **darse de cara con,** to bump into; **darse el bote** (coll.), to leave; **darse el piro** (coll.), to make a move, to move away, to go away; **dárselas** (coll.), to go away; **darse un garbeo** (coll.), to go for a walk, to make a journey; **dar una voz,** to call (by shouting); **dar una vuelta,** to go for a walk; **dar un bocado,** to bite; **dar un empacho,** to get indigestion; **dar un golpe,** to hit; **dar un**

repaso, to go through (in one's imagination); **dar un traspiés,** to stumble; **no dar para tanto,** not to be worth that much; **¿qué más da?,** what's the odds?

decidido, resolute

decidirse, to make up one's mind

degollar, to cut somebody's throat

dejar, to leave; **dejarse de,** to stop thinking or talking about; to leave off; **dejar en paz,** to leave alone

delirar, to rave

los demás, the rest, the others

demostrar(ue), to prove

el deportista, sportsman

el derechazo, kick with the right leg or arm

el derecho, rights

derrotado, downcast

derrumbarse, to feel morally crushed

desabrochar, to undo, to unbutton

desaparecer, to disappear

desarmar, to open out

desarrollar, to develop

desatar, to untie; **estar desatado,** to be crazy

la desbandada, exodus

descalzo, barefoot

el descampado, waste-ground

descansar, to rest

descarado, insolent

descargar, to shower (blows)

descolgar(ue), to unhang

descorrer, to open (curtain)

descubrir, to discover, to spot

descuidar, not to worry; **descuidarse,** to be careless

desear, to wish; **estar deseando,** to look forward to

desengañado, disillusioned

desenvolver(ue), to unwrap

desfogar (coll.), to burst out

desganado, without appetite

desgarrado, tragic

desgarrar, to tear up

el desgarrón, tear

desgastarse, to wear out

desgraciado, wretched

los desheredados, destitute people

desnudarse, to undress

despachar, to attend to the customers

desparramar por, to spill all over

despectivo, scornful

la despedida, leave-taking

despedirse(i), to say good-bye; **despedir** (tr.), to see off

la despensa, larder

el desperdicio, waste

desperezar, to exercise; **desperezarse,** to stretch

despertar(ie), to awake

desplante: con desplante, arrogantly

desprender, to break away

desquiciado, unhinged

destacar, to stand out

destapar, to uncover

devolver(ue), to return (something)

el diablo, devil

el diario hablado, (radio) news

dichoso, happy

la diestra, right (hand side)

digno, dignified

el directo, a straight punch

dirigirse a, to address; to make for

el disco, gramophone record

disculpar, to excuse

el disgusto, upset, shock

el disparo, shot

dispensar, to excuse

disponerse a, to get ready to
las divisas, foreign exchange reserves
dolido, hurt
el dolor, pain, suffering
durar, to last
duro, hard; **un duro,** five pesetas

echar, to cast; to throw; to pour; **echar de menos,** to miss; **echar el aliento,** to breathe out; **echar hacia atrás,** to push back; **echar rostro,** to have a "cheek"; **echarse a,** to start doing something; **echarse hacia atrás,** to step back; **echar una mano,** to lend a hand; **echar una película,** to show a film; **echar un chupito** (coll.), to take a sip; **echar un cable,** to help somebody out; **echar un vistazo,** to have a look
elevar, to raise
embalado, in a packing case
embalarse, to rush off
embarcar, to send
emocionado, moved
el empacho, indigestion (from eating too much)
la empanadilla, patty
empezar(ie), to begin
empujar, to push
enamorado, in love
encarnado, red
encasquetar (coll.), to put on
encender(ie), to light up; to switch on
encima de, on top of
el encuentro, encounter, (football) match
enderezarse, to straighten oneself up
enfrentarse con, to face up to

enlazar (por la cintura), to put one's hand round somebody's waist
enseñar, to show; to teach
ensimismado, wrapped up in one's thoughts
el ensimismamiento, abstraction
ensuciar, to dirt
enterado, aware; **un enterado,** somebody "in the know"
enterarse, to understand; to become aware
enterrar(ie), to bury
entonar, to do good (health)
entrelazar, to join (one's hands)
enturbiar, to cloud
enviudar, to become a widow(er)
el equilibrio, balance
equiparse, to buy everything necessary
el equipo, team
erguirse, to straighten up
escabullirse, to get away from
escalabrar, to hit someone on the head with a stone, coin, etc.
escandalizar, to make a big noise
escarmentar, to teach a lesson
el escenario, stage
esconder, to hide
escuchar, to listen
escudarse, to shield
el esférico, sphere (i.e. the ball used in football)
espabilar, to wake up completely; to hurry up
la espalda, shoulders, back; **de espaldas,** with one's back turned
la espantada, sudden flight after a scare; exodus
el esparadrapo, sticking plaster
el espejo, mirror
espiar, to spy on
esquiar, to ski
estafador, swindler

estallar, to explode

estar: estar al llegar, to be about to arrive; estar a punto de, to be about to; estar a un paso, to be close by; estar deseando, to look forward to; estar de, to work as; estar de luto, to be in mourning; estar en estado, to be pregnant; estar en sí, to be oneself; estar hecho a, to be used to; estar para, to be in the (right) mood for; estarse quieto, to keep still; estar tentado de, to be inclined to; estar tirado, to be dead cheap or easy

estirado, straight-backed

estirar, to stretch

estomagar, to disgust

estrangular, to strangle

la estrella, star

estropear, to corrupt

estropiciar (coll.), to spoil, to corrupt

estrujar, to crush

exigir, to demand

explicarse, to understand

explotar, to burst, to explode

extender, to spread

el extranjero, foreign countries; en el extranjero, abroad

fallar, to fail, to let down

faltar, to be missing

fanfarrón, boaster (often referring to an act of bravado)

farruco, uppishness, high-and-mighty

la ferretería, ironmonger's

fetén (sl.), wonderful, "fab."

figurar, to appear

la filfa (coll.), "fiddle", "a lot of rot"

flaco, skinny

el fogón, kitchen range

el fondo, background; bottom

forcejear, to struggle

forma: de todas formas, in any case

formidable, smashing

forrar, to line

fracasar, to fail, to be a failure

la frasquilla, dim. of frasca, jug

fregar, to wash up

freir, to fry

frenético, in a frenzy

la frente, forehead; frente a frente, face to face

fresco: ¡qué fresco!, what a cheek!

frotar, to rub

fuerza: a la fuerza, by force

la furia, rage

el furor, rage

la gachí (sl.), "doll"

el gachó (sl.), guy, bloke

el gamberro, hooligan

la gana, desire; de buena gana, willingly; con ganas, whole-heartedly

el ganado, cattle

garbearse (coll.), to go for a walk

el garbeo, ride; spinning around

gastado, worn out

los gastos, expenses

el gato montés, wild cat

la gazuza (sl.), hunger

gili (sl.), silly, daft

girar, to spin, to turn round

la gentuza, riff-raff

el gesto, gesture

el globo, balloon

el gol, goal

el golfo, rascal, urchin

el golpe, knock, blow

golpear, to hit

gordezuelo, dim. of gordo, fat

el **gorrino,** pig, pork
la **gota,** drop
la **gotera,** leak
el **gozo,** joy
  grano: al grano, to the point
  granuja, scoundrel
la **grasa,** grease; flesh
el **grifo,** tap
  gritar, to shout
  grosero, rude
la **guantada,** slap on the face
  guapa, beautiful, pretty
  guapo, handsome, good-looking
el **guarda,** guard; watchman
  guardar, to put away, to keep
la **guasa,** fun, joking
el **guasón,** jester
el **guayabo,** young girl
  guipar (sl.), to see
el **gusto,** pleasure; **por gusto,**
  from choice; **a gusto,** happy

hablar: ni hablar, no fear!, I
  won't hear of it!
¿**hace?,** all right?, O.K.?, is it a
  bargain?
hacer: hacer aspavientos, to
  make a fuss; **hacer caso,** to
  take notice; **hacer intención
  de,** to make as if to; **hacer la
  maleta,** to pack; **hacer palmas,** to clap; **hacer que,** to
  make as if; **hacerse,** to become; **hacerse cuesta arriba,**
  to be uphill work, to be difficult; **hacer señas,** to make
  signs
¡**hala!,** come on!
harto, fed up
hasta, even; as far as; **hasta
  más ver,** cheerio, see you
  again
hecho a, used to; **hecho un(a),**
  become a(n)
la **hemorragia,** haemorrhage

la **heroicidad** (coll.), heroism
el **hierro,** iron
el **hígado,** liver
  hilvanar, to tack
la **hincha** (coll.), dislike
el **hipo,** hiccough
la **historieta,** little story
el **hogar,** home
la **hoja de servicios,** service
  (work) record
  hojear, to turn the leaves (of a
  book), to flick through
el **hombro,** shoulder
  honrado, honest, honourable
el **horario,** time-table
  huelo: from **oler,** to smell
el **hueso,** bone; **es un hueso,** it is
  extremely difficult
el **huevo,** egg; **valer un huevo**
  (sl.), to be worth a fortune
la **huida,** escape
  huir, to flee, to escape
  humanizarse, to become human
  humear, to smoke (fire)
  husmear, to sniff

la **ilusión,** hope; expectation
  ilusionado, eager; excited
  impedir, to prevent
el **imperdible,** safety pin
  impresionante, impressive
  incorporarse, to sit up, to
  straighten up
  incorrupto, incorrupted, not
  perverted
  incrustar, to sink, to stick into
  indeciso, undecided
  indicar, to point to, to indicate
el **índice,** index finger
la **indumentaria,** dress
  instalarse, to settle down
el **intento,** try, effort
el **instituto,** (state) grammar
  school; **el instituto laboral,** a
  sort of secondary modern school

insufrible, unbearable
ir: ir a por, to go and fetch;
often used for **estar: ir alegrillo,** to be a bit "tight"; **ir
por lo hondo,** to talk in earnest
iracundo, furious
irguiéndose, participle of **erguirse,** to straighten up
irrumpir, to burst into

el jabato, brave man
jadear, to pant
el jamón, bacon; ham
el jolgorio, riotous spree
el jornal, daily wage (of a casual
labourer)
jorobar (coll.), to annoy
el júbilo, joy
juguetear, to play
juntar, to join together
jurar, to swear

el labio, lip
el lado, side; **al lado de,** beside,
next to; **de lado,** sideways
el ladrillo, brick
lagartón, very sharp or cunning
la lágrima, tear (of the eyes)
lanzar, to throw
largarse (coll.), to go away, to
leave
¡largo!, buzz off!
el lateral, side
lavar, to wash, to do the laundry
el lazo, lasso
lento, slow
levantar, to raise, to lift
la ley, law; **tener ley,** to be fond
of; **de ley,** steadfast
liar, to roll; to muddle, to in-
volve; to wind round
ligero, quick
el lío, muddle; **hacerse un lío,** to
get into a muddle

el lique, kick (with the sole of the
foot)
lo de, the matter of: **¿te has
enterado de lo de . . . ?,**
Have you heard what's happened to . . . ?
el locutor, speaker, newscaster
lograr, to succeed in
la longaniza, sausage
luchar, to fight
la luna de miel, honeymoon

llegar a, to arrive in; **si yo llego a
saber,** if I had known
lleno, full(-bodied)
llevar, to carry, to take something
or somebody somewhere; to
wear; with time: **llevamos
unos días de muy buen
tiempo,** we have been having
very good weather for the last
few days; **llevaba un mes en
Alemania,** he had been in
Germany for a month; **llevarse
un disgusto,** to be upset
llorar, to weep, to cry
lloriquear, to cry (a little)

macho (coll.), mate (but stresses
the maleness of the person)
el maestro, master craftsman
el mal, evil
maldecir, to curse
maldito, damn
malear, to corrupt
la malva, mallow; **criar malvas,**
to kick up the daisies
mamarracho, idiot
mandar, to send; to order
manchego (queso manchego),
cheese from La Mancha
la mano (f.), hand; **hacer manitas,** to hold hands
el manojo, bunch

el **manotazo,** blow with the hand
la **manta,** blanket
mantener, to keep
el **marcador,** score board
marcar, to score; to exaggerate
marica, "queer"
la **marmota** (coll.), servant girl
más: lo más, the most; **de más,**
to spare
la **materia prima,** raw materials
matizado, muted
mejorar, to improve
melifluo, in a honeyed tone
menda (coll.), oneself; **mi menda,** myself
mendigar, to beg (for alms)
menudo, small; **¡menudo . . . !,**
what a . . . !
mercar (coll.), to get, to buy
la **merienda,** afternoon tea
la **merluza** (sl.), drunkenness
meter(se), to go into; **meter en
la cabeza,** to get into one's
head
la **metralleta,** sub-machine-gun
el **Metro,** Underground
la **miaja** (coll.), tiny bit
la **"mili"** (coll.), National Service
la **mitad,** half
el **miserable,** wretch
la **miseria,** poverty
el **mocito,** dim. of **mozo,** lad
el **mocoso,** runny-nosed urchin
el **modo,** way; **de todos modos,**
anyhow
molesto, annoyed
mondar, to peel; **mondarse de
risa,** to split one's sides laughing
la **moneda,** coin
montar, to set up
el **montoncito,** dim. of **montón,**
heap
el **morapio** (sl.) = **vino tinto,** red
wine
mordiente, biting

el **mordisco,** bite; **a mordiscos,**
by biting
el **morrito,** dim. of **morro** (coll.),
mouth, lips
mover(ue), to move, to go
mudo, dumb
el **mueble-cama,** divan-bed
mundo: nada del otro mundo,
nothing to speak of, nothing to
make a fuss about
la **murga,** racket (sometimes musical)
el **muslo,** thigh; leg (of chicken)
mustio, sad, miserable

las **nalgas,** buttocks
el **nene,** child
el **nivel,** level, standard
la **nómina,** pay slip (for civil
servants, etc.)
la **novia,** girl friend
el **novio,** boy friend
el **nudillo,** knuckle
nuevamente, again

obligar, to force
la **obra,** work (i.e. road, etc.)
el **obrero,** manual worker, labourer
el **obús,** (bomb) shell
ocultar(se), to hide
la **ocurrencia,** idea
ocurrírsele a uno, to occur
el **ogro,** ogre
el **oído,** ear; **al oído,** in somebody's
ear
el **ojal de la solapa,** buttonhole
oler, to smell
olfatear, to smell
la **olla,** cooking pot
la **oreja,** (outer) ear
la **orilla,** edge; **la orilla del mar,**
seaside
el **orinal,** chamber pot
¡oye!, I say!

pa = para, for
el padrino, someone who can pull strings, patron
pal = para el
la palabrería, "talk"
la palangana, wash-basin, tin bowl
palique: dar palique, to encourage to talk
la paliza, beating
palmar (coll.), to die
palmear, to pat; **palmearse la frente,** to strike one's forehead
el palo, stick, post
palpar, to feel, to touch
la papalina (sl.), drunkenness
la papeleta, ticket
el paquete, parcel, packet
parado, unemployed
el parecer, opinion; **cambiar de parecer,** to change one's mind; **parecer,** to seem, to look like; to see fit
la parienta (coll.), "missus"
parir, to give birth
el partido, match
partir, to split, to break
pasado (e.g. of a dress), faded
pasar, to happen; **pasar de la raya,** to go too far; **pasarlas moradas** (coll.), to have a hard time; **pasar por,** to go through; **pasar de largo,** to go straight past
la pasta (coll.), "dough", money
el pastelero, confectioner
la patada, kick
patear, to kick
el patrón, boss; employer
la paz, peace
la pechera, neck of the dress
el pecho, breast
la pechuga, breast (of chicken)
pegar, to hit; **pegar la oreja** (coll.), to listen; **pegar sacudidas,** to shake violently
pelar, to peel

la película, film
el peligro, danger
pelma (coll.), bore
el pelucón (coll.) **= peseta**
el pellejo, skin; **pellejo de tío,** good-for-nothing
la percha, hanger
perjuicio: en perjuicio de, to the disadvantage of
la perra (coll.), coin, small change
el personaje, character
la pescadería, fishmonger's
el petardo, banger
el pez, fish; **un pez gordo,** a V.I.P.
picar, to bite (of fish); (fig.) to be caught; to mince, to chop
pícaro, rascally
pídola: saltar a pídola, to play leapfrog
la piel, skin
pillar, to catch
pipiolo (coll.), "small fry"
pirárselas (coll.), to go away
piro: darse el piro (coll.), to go away
el piso, storey, flat
pitar, to whistle
la plancha, iron
plantarse (coll.), to put on
plantón: dar plantón, to let down, not to turn up
los plazos, H.P. instalments
poder(ue); ¡no puedo más!, I can't stand it any more!
el pollo, chicken
ponerse, to put on; **ponerse a,** to start doing something; **ponerse a tiro,** to get the opportunity
el portal, entrance (of a house)
el portazo, slamming of the door
el portero, porter (in a block of flats)
el poste, telephone post
la postura, posture
precipitado, hurried, quick

el **precursor,** forerunner

el **pregón,** street cry

  pregonar, to cry one's wares

la **prenda,** garment

  preñada, pregnant

  preñado, full of

  prepararse, to get ready

  prestar, to lend

  probar(ue), to try on; to taste

  procurar, to try; to do one's best

  provocar, to cause; to provoke

  pudrirse, to rot

el **pulgar,** thumb

la **punta,** end, tip

  puntillas: de puntillas, on tiptoe

el **puñetazo,** blow with the fist, punch

  puñetero (sl.), "bloody"

el **puño,** fist

la **pupa** (coll.), small wound; **hacer pupa** (coll.), to hurt

la **pupila,** pupil (of the eye)

  qué, what; **¿y qué?,** and what, then?, so what?, what about it?

  quedar, to stay, to remain; **quedarle a uno algo,** to have something left; **quedarse sin,** to lose; **quedar claro,** to be clear

  quemarse, to burn

el **queo** (= **quedo**); **dar el—,** to give the "all-clear"

el **queso,** cheese

  quieto, still, motionless

las **quinielas,** football pools

  quitar, to take away from; to remove

  quitarse, to take off; **se me quita,** it goes away

la **rabadilla,** coccyx

  rabioso, raging

el **rapto,** fit

  raso, clear

el **ratejo,** dim. of **rato,** while

el **rayo,** forked lightning

el **real** = 25 **céntimos**

  realizar, to carry out

  reanudar, to start again, to resume

los **reaños** (coll.), "guts", strength

el **recadero,** messenger boy

  recalcar, to repeat with emphasis

  recoger, to pick up

  recorrer, to go through

  rechazar, to push aside

  rechupete: de rechupete (coll.), smashing, "fab."

el **recuerdo,** memory

  refrescarse, to sluice

  regañar, to scold

el **regate,** dodge (football)

  regatear, to bargain (over money); to dribble (football)

  reglamentar, to organize, to lay down times for

el **remiendo,** patch (on clothes)

  renacerle a uno el ánimo, to cheer up

  relamerse, to lick one's lips

la **rendija,** slit, crack

  repartir, to hand out

el **reparto,** delivery

el **repeluzno,** shiver; tingle; shudder

  repentino, sudden

  reprocharse, to reproach oneself

  reservar, to keep

  restar, to deduct

  restregar(ie), to rub

  retirar, to withdraw

  retorcerse(ue), to twist round

el **retrete,** lavatory

  reunir, to save (money); **reunirse con,** to join

  reventar(ie), to burst

revolver(ue), to poke around; to look high and low; **revolverse,** to turn (against)

rezongar, to nag

rico (of food), delicious

riguroso, strict

risueño, smiling

rodear (el cuello con los brazos), to put one's arms round somebody's neck

la rodilla, knee

romper, to break; **romper a,** to burst out

la ronda, round

la rubia (coll.), one-peseta piece

rumiar, to sort out (one's thoughts)

ruso, Russian

la sábana, (bed) sheet

el sabio, learned man; scientist

sabrosón (coll.), aug. of **sabroso,** tasty

saciar, to satiate, to satisfy (hunger)

sacudidas: pegar sacudidas, to shake violently

sacudir (coll.), to hit; to shake

salir arreando (coll.), to hurry out

salpicar, to spatter

saltar, to jump; **saltar a pídola,** to play leap-frog

saludar, to greet, to say hello

la sartén, frying-pan

el sartenazo, blow with the sartén

secuestrar, to kidnap

secundar, to echo

seguramente, probably

seguro, certain, sure

el sello, stamp (postage)

la semipenumbra, twilight

sensato, sensible

sentencioso, sententious

sentirse hermanado con, to feel one with

señalar, to point out, to point to

separarse, to draw away

servir(i), to work as domestic servant

la sesera (coll.), "nut", "loaf"

si, introducing an exclamation, reinforces it, e.g. ¡Si es el de los americanos!; si no, otherwise

siempre: lo de siempre, the same old thing

el silbido, whistle (sound made by a person)

la sien, temple (anat.)

el siglo, century

simpático, nice, pleasant, congenial; **serle simpático a uno,** to like someone

la siniestra, left (hand side)

la sintonía, signature tune

sinvergüenza, rogue

el sitio, place; **hacer sitio,** to make room

so, a prefix which accentuates the meaning of an adjective, e.g. **so vaina,** you idiot; **so tonto,** you silly ass

sobar, to drool, to slaver

sobra: de sobra, enough and to spare

sobrar, to be left over; to have too much

el sobre, envelope

la solapa, lapel

el solar, building site

solicitar, to apply for; **estar muy solicitado,** to be in great demand

solícito, kind, helpful

el solomillo, the back of an animal, i.e. the best cut of meat

soltar(ue), to let go, to let loose, to let out; **soltar tres frescas,** to give a piece of one's mind

sollozar, to sob

la **sonrisa,** smile

soñar(ue) con, to dream of

soportar, to put up with

sorber, to sip

sorprender, to surprise, to take by surprise

sortear, to draw (lots)

sospechoso, suspicious

subrayar (la obra, la escena), to provide the (musical) background (for play or act)

el **suceso,** event, happening

Suiza, Switzerland

sujetar, to hold down (back)

sujeto, subject, held captive

sumar, to add up

supervisar, to watch, to supervise

suplicar, to beg, to beseech

surgir, to spring up

el **susto,** fright, shock

el **tabernero,** innkeeper, publican

tacaño, mean, stingy

el **tacón,** heel (of a shoe)

el **tajo,** job, task

el **taller,** workshop

el **tamaño,** size

tambalearse, to totter about

el **tambor,** drum

el **tanto,** goal (in football)

tapar, to cover

el **tapón,** stopper

tararear, to hum, to warble

tardar, to take (time), to delay, to be long

tartajear, to stutter (from drunkenness, etc.)

la **tasca,** dingy pub

el **telón,** theatre curtain

tender, to hang out (clothes)

tener: tener ley, to be fond of; **tener la culpa,** to be blameworthy: **no tenéis la culpa,** it is not your fault; **tener sin cuidado,** to care a damn

tié = **tiene**

la **tía,** aunt; coarse woman

tieso, stiff; **ponerse tieso,** to become stiff

la **tila,** linden-blossom tea

tintorro, aug. of **tinto** = **vino tinto,** red wine

el **tío,** uncle; bloke, guy; ¡qué tío!, what a man!

tirado, dead easy; dirt cheap; low class

tirar, to throw (away); to upset, to overturn, to drop; (coll.), to leave; **tirar de,** to pull; **tirar de la lengua,** to provoke; **tirar pa' lante (para adelante),** to push (press) forward

el **tirón,** pull

to = **todo**

la **toalla,** towel

tocar, to touch; to play (music); **tocarle a uno,** to be one's turn; **tocarle a uno las quinielas,** to win the pools

tocón, a person fond of touching

toma, here you are (when giving something)

tomar a chunga, to take as a joke

el **tomate,** hole (in a sock)

el **tono,** tone (of voice)

la **tontería** nonsense

tonto, foolish, silly

la **toña** (sl.), intoxication

torcer(ue), to turn

el **tornero,** lathe operator

la **tortilla,** omelette

el **trago,** mouthful

el **traje,** suit, dress; **traje de vuelo,** full-skirted dress; **traje de luces,** bull-fighter's gala dress

el **trajín,** commotion, activity, bustle

tranquilizarse, to calm down
el trapo, rag, cloth; **los trapos,** clothes, "things", "clobber"
trasera: la parte trasera, the back
el trasero, "posterior"
el traspiés, stumbling
el trasto, junk, rubbish
trastornar, to disturb (the balance of) the mind
tratar de, to try; **tratar de tú,** to use the familiar form of address
las tripas, guts
la tristeza, sadness
trocito, dim. of **trozo,** small piece
tullido, crippled, helpless
tumbarse, to lie down
lo tuyo, your affairs

la ubre, udder
últimamente, recently
ultimar, to settle, finalize
unirse a, to join
urgir, to be urgent, to be pressing
utilizar, to use
uva: con mala uva (coll.), with evil intention, with deliberate cruelty

vacío, empty; **de vacío,** empty-handed
vago, lazy
la vagoneta, small truck (railway)
vaina (sl.), fool
valer, to be of use, to be worth (while); to cost; **valer un huevo** (sl.), to cost the earth
la valla, fence
vamos, come on; **¡vamos!** come off it!
el vaso, glass

¡vaya . . . !, what a . . . !
vela: en vela, sleepless, wakeful
la velada, evening celebration, party
el velatorio, wake (vigil at the bedside of a person who has just died)
¡vanga!, come on!; **y vengan...,** as many . . . as you like
venir: venir bien, not to come amiss; **¿a qué viene eso?,** what's that in aid of?, why do you say (do) that?, why do you ask?
la ventanilla, train (car, etc.) window
ventilárselas (coll.), to manage
la verbena, night fair held in different areas of a city
verdad: de verdad, really: **un médico de verdad,** a real doctor
el verde (coll.), the (football) pitch
la vespa, motor-scooter
vestido de domingo, in one's Sunday best
la vez, time, occasion; **a su vez,** in turn; **otra vez,** again; **de vez en cuando,** occasionally
la vía, railway track
la vieja, old woman (sometimes meaning "wife")
el vientre, belly, bowels
el vistazo, look; **echar un vistazo,** to have a look
vivamente, eagerly
la viveza, liveliness
la vivienda, house, dwelling
vivísimo, quick, very lively
vocear, to shout
volatilizado, annihilated
volcar(ue), to tip out, to empty
voltear, to wave, to flap
volverse(ue), to become
la vuelta, change (money); **de la vuelta,** round the corner

ya, already; yet; **ya no,** no longer

yendo, present participle of **ir**

yergue, present tense of **erguirse,** to straighten up, to sit up

el yugo, yoke

la zapateta (coll.), leap, bound

zurcir, to darn